雲峰 金炳熱 八旬 記念文集

波高를 넘고 넘어

운봉 김 병 열

홍익출판사

▲ 2009년 9월 20일 수필 신인상 수상

▲ 2011년 11월 26일 수필집『이땅에 봄은 언제오려나』 출판기념회

▲ 2011년 4월 2일 벚꽃문학제 경남문학관

▲ 2011년 11월 26일 낙동강문학 10호 발간 요산문학관

▲ 2012년 4월 28일 진해벚꽃문학제 경남문학관

▲ 김해 강서문학회 낙동강문학상 수상식

▲ 부산 동래 요산문학관 출판기념회

▲ 부산 동래 요산문학관 문학강연회

• 글머리 •

두 번째 수필집을 내면서

80인생 한세대를 살아오면서 길고 긴 인생여정이 한 순간에 흘러갔구나. 수천 년 수백 년 물질문명이 일어나지 못하고 미개한 생활 속에 정신문화의 싹이 트고, 꽃 피워서 이 땅에도 성채(城砦)처럼 고풍스러운 문화유산들이 남아 있다. 근세기 서양의 과학문명이 일어나면서 강대국들이 무력을 앞세워 영토 확장과 문호개방을 강요하면서 동서양을 가리지 않고 힘으로 밀고 들어온다.

조선조 말엽 불행하게도 이 나라에는 서양의 열강들과 이웃나라 일본으로부터 개방의 압력과 통상요구에 밀려 1910년대에 나라를 안타깝게도 일본에 강점당하고 말았다. 절망의 끝이 보이지 않던 암울한 36년, 우리 민족은 일본의 강압 밑에서 온갖 치욕의 세월을 보내게 되었다. 조상을 숭배하고 예의와 도덕이 바로 선 이 민족의 정서는 참담하게 무너지고 찾을 길 없는 어두운 세월 속에 억압받으며 비통 속에서 살아왔다.

어렵고도 살기 힘들었던 시기에 이 땅에 태어나서 2차 세계대전도 한국전쟁도 온몸으로 겪으며 암담한 시절의 기억 흔적들을 소통의 도구인 기록으로 남겨 첫 수필집을 내었다. 팔순을 맞으며 두 번째 수필집을 내려고, 기복의 인생길을 더듬어 남다른 감회(感懷)를 되살리며 남기고 싶은 글을 써본다. 가슴저며 오는 시대를 잘못 만난 탓일까? 나의 의지가 부족했던 것일까? 배워야 할 시기 배우지 못했던 것이 못내 한스럽다. 나의 운명으로 알고 살아온 일생을 결코 후회하지는 않는다.

잘 먹이지 못하고 가르치지 못했던 부모님의 마음은 얼마나 아팠을까?

이 땅의 모든 부모들이 겪은 어제의 한스러움이었지만, 배가 고파 먹을 것 찾는 어린자식들, 어머니는 물로서 배를 채우고 시래기죽이라도 끓여서 철모르는 어린 자식들 먹이려니 그 아픈 가슴 무엇으로 달랬을까? 철이 들어서야 알았지만 1940년대 이민족의 고난을 체득하지 못한 세대들이 어찌 그날의 뼈저린 아픔을 조금이나마 이해하거나 상상할 수 있을까? 멀고 먼 인생길에 높은 산 깊은 골을 해치고 한 시대를 살아왔구나, 나도 이제 노령이 되어 지난날을 회고해본다. 살아가는 길이 천차만별이라 하지 않던가, 희망의 나래 한번 펴보지 못하고 접어야하는 괴로움도 타고난 운명이기에 나의 부덕으로 덮어야 할밖에 없다.

늦은 나이에(2009. 10.) 『낙동강문학』 수필부문 신인상을 받고 한국시민문학회 정회원으로 문학을 사랑하는 많은 문인들과 교우를 가지며 지난날들을 몇 단원으로 나누어 격동의 세월과 살아온 인생길, 그리고 자연이 주는 교훈과 기행을 통해서 얻은 행복 등으로 팔순을 맞이한 기념문집으로 남기기로 한다.

2012. 11. 27.

김 병 열 識

차 례

격동의 세월

멀고 먼 인생길

자연이 지켜주는 교훈

기행에서 찾은 행복

격동의 세월

1. 현해탄을 마주보고

망망대해 동해바다 저 멀리에 일본 땅은 섬나라라 일본열도가 북쪽으로부터는 북해도를 시작으로 아오모리 해협을 건너 남으로 내려오며 일본의 본섬 혼슈를 지나며 오사카 앞의 시고구 섬을 옆으로 거느리고 혼슈본 섬의 끝자락을 지나며 큐슈 섬을 남으로 끼고 타이완 방향을 향하여 유구열도의 여러 섬들 중 오키나와 섬을 유구열도의 행정경제의 중심 섬으로 그들의 영토로 하여 오늘의 일본을 통치하고 있다. 왜소한 민족성으로 그들 섬나라의 영토를 넓히려는 욕망으로 동북아 여러 국가들과 침략전쟁의 역사가 수 없이도 남아 있다.

주변국들과 자유와 평화를 통섭하면서 살아갔다면 후세에

얼마나 아름다운 국가로 국제적으로부터 존경받는 민족으로 남아 있으리라는 아쉬움이 남는다.

역사를 거슬러 올라가면 한반도의 고대국가시대부터 일본으로 왕래하며 그들에게 발전된 문화를 남겨 지금까지의 그 문화유산들이 곳곳에 잔존하고 있다. 일본 왕족의 가계에 우리 신라와 고구려 백제계의 혈통이 남아 있음은 주지할 바다. 역사적으로 멀리는 고구려, 백제인들의 일본 땅 유입으로 그들이 살았던 지역에서 행정·군사·문화의 지배층까지 올라 통치하고 지배하며 우리 문화를 고스란히 전해준 많은 문화유적들이 아직도 현존하고 있지 아니한가? 백제에서 전해준 유명한 법륭사의 금당벽화는 물론 정말 모를 일이지만, 일본인의 심장 속에 맥맥이 흐르는 한민족의 혈통을 그렇게 냉정하게 거부할 수 있을까?

교토의 유명한 청수사도 백제계의 우리 조상이 남긴 유산으로 후손들이 때로는 왕으로, 왕비로, 장군으로, 이 민족의 피가 섞여 흐르고 있는 사실을 그들이 외면하는 것은 그저 놀랄 일이다. 저 유명한 백제의 왕인박사가 그들에게 한문을 가르쳐 문명세계로 나가는 길을 열어준 역사는 아직도 시퍼렇게 살아 있다. 다소 후대로 내려오면서 그들의 내전에서 풍신수길이 전권을 잡고 휘하 장수들의 날뛰는 힘의 소모를 명나라를 친다는 명목으로 우리 조선의 부산에 상륙시켜 동래를 처참하게 초토화시키고 여러 갈래의 경로로 한성(서울)을 향해 진격하면서 조선의 의병을 포함한 병사들과 무수히 많은 전투를 하였다. 조선은 중과부적으로 수많은 인명피해와 재산손실은 물론이려니와 문화적 가치가 있는 귀중품들을 왜군들은 철저하게 탈취해 갔다. 이뿐 아니라, 십여만의 백성들을 포로로 잡아가고 그중에서도 유명한 도공들과 당시의 건축 석공 기술자들을 잡아가서 영영 돌아오지 못했을 뿐 아니라, 안타깝게도 그 후손들은 현재까지도 조센징으로 수모를 당하며 일본인으로 살아가고 있지 않은가? 유명한 '심수관 도요'에서 생산되는 도자기는 세계적인 명품으로 이름이 났는데 바로 조선조의 7년 전쟁 당시 포로로 잡혀간 우리 도공의 후예들의 심장 속으로 우리 민족의 피가 유유히 흐른다는 사실은 실로 놀라운 사건이다.

역사의 맥이 굽이쳐 흘렀고, 3년간의 치열한 전쟁을 치룬 후에, 이제는 양국 간의 전쟁이 끝난 줄 알았는데, 일본은 귀국한 병사들을 재정비 한 후, 또 다시 병장기를 정비하고 무기와 새로운 군선을 건조하고 노후 선박을 수리하여 만반의 전쟁준비를 다 갖추어 정유년에 조선을 재침략하였다. 이번에는 주로 전라도 곡창지대를 향하여 물밀듯이 밀어 닥쳤다. 그러나 다행스럽게도 민족의 성웅으로 추앙받는 이순신 장군의 수군에 막혀 남해안에서 치루는 해전마다 우리 수군들이 승리하여 수백 척의 왜선은 격침당하고 왜군을 수장시켜 많은 전공을 세웠다. 육로로 침공한 왜군들이 곡창지대의 호남평야를 향해 쳐들어갔을 때, 영광의 형조좌랑 강항 선생은 남원성에서 군량미 수집과 전쟁준비를 하다가 왜군들에 밀려 고향 영광으로 와서 배편으로 서울로 가려다가 왜군 선에 가족들과 함께 포로로 잡혀 일본으로 압송되는 불행을 당했다. 그들의 악랄한 만행을 무슨 말로 다 표현할 수 있을까? 강항 선생이 보는 앞에서 어린 아들딸 둘을 수장시키니 '살려 달라.'는 어린자식들의 울부짖음은 부모의 간장을 도려내었으리라. 강항 선생도 잡혀 가느니 차라리 죽으려고 물에 뛰어 들었으나, 왜놈의 갈퀴에 걸려 배에 다시 실려 밧줄로 꽁꽁 묶여 짐짝같이 가족들과 함께 끌려갔다. 이는 천인이 공노할 일이지만, 선생은 포로가 된 신세로 눈물을 삼키고 포승줄에 묶여 일본까지 끌려갔고, 뒷날 끈을 풀어보니 살점이 떨어져 나가 뼈가 보였다고 한다. 선생은 대판성을 거쳐 경도 후시미성으로 압송되어 임진 전란 때 잡혀 왔던 동래의 김우정, 하동의 강사준, 강천구, 정창세, 함양의 박여집, 태안의 전시습, 무안의 서경춘 등 조선포로 학자들과 합류하여 삼년을 함께 고통을 겪어내면서 그들에게 결코 투항하지 아니하였다. 뒷날 틈틈이 몰래 귀국길을 모색하며 왜국의 승려들에게 글씨를 팔아 은전을 모으고 밥쌀을 아껴 팔아, 배를 한척 사서 탈출을 하다 잡혀 통역들은 처형되고 20여일 구금되었다가 풀려나와 기약 없는 포로생활을 계속하였다. 이처럼 정유재란 때의 일본군의 만행은 사람의 탈을 쓰고는 할 수 없는 일이었다. 전라 좌병영 우후 이엽 선생이 죽기 전에 읊은 시를 간양록에서 인용한다.

봄은 동녘에서 오는가 한 많은 봄이로세
바람 너는 서녘으로 가느냐 맘만 들떠 바쁘이
새벽달 어버이 한숨 실은 새벽달일세
밤길도 더듬더듬 헤매신다지
촉대로 새운 밤을 그 누가 알랴 그 누가 알랴

아침햇빛에 복 바치는 새 설움을!
글방옛터에 피고 진들 누가 알리
선영뒷산에 잡초는 누가 뜯고
삼한의 피를 받아 굵어진 이 뼈
어찌타 짐승 놈들과 섞일 수가 있느냐!

이 시는 필자의 조상인 김우정 공 앞에서 읊어진 시로 강항 선생에게 알려주어 간양록에 수록되어 지금까지 남아 있다. 배편으로 탈출하다 뒤따르는 왜군에 잡히느니 차라리 '죽음이다.'하고 바다에 뛰어들자, 왜병들은 그를 끌어올려 가장 잔인한 형벌인 환괘로 처형했다 한다. 그들의 만행은 인간으로서는 도저히 할 수 없는 악행으로 이는 풍신수길에게 대한 지나친 충성심의 경쟁으로 전쟁에서 죽은 조선인의 코를 잘라 소금에 저려 일본에 가져가 전승을 자랑하고 일본 교토에 코 무덤을 만들어 놓고 한편으로는 귀 무덤이라고 한 것을 지켜보면 그저 통탄할 일이다. 실제로 포로가 가져온 코의 숫자를 기록한 문서가 현재까지 전해오고 있다. 이 같은 그들의 잔인성을 숨기려고 그랬던가. 코를 잘라 코 무덤을 만들어 놓고도 귀 무덤이라 하다니. 이는 실로 금수보다 못한 민족들임을 역사적으로 입증한 실례일 것이다.

수년 전 삼중 스님이 이 코 무덤의 흙을 가져와서 경남 사천의 <朝·明·軍 사망자의 합동 대 무덤> 옆에 조그맣게 무덤을 만들고 '이총'이란 비석을 세워 놓았다. 필자인 나는 2009년 5월에 근처에 있는 일본군들이 축조한 왜성을 구경하고 이총도 보고 왔다. 국내에서는 이렇게 무서운 전쟁이 파괴와 살상으로 민생은 도탄에 빠지고 국토는 황폐화 되었다. 이것도 모자라 왜군들은 우리의 보물급인 불상, 불화, 석조물, 서화, 도자기 등 수많은 문화재급 보물들을 약탈해가는 처참한 세월이었다. 이럴 때 쯤 일본에 포로로 잡혀온 강항 선생과 함께 있던 조선포로 학자들이 후지와라 세이카란 일본 승려를 만나 세이카는 정주학을 아는 유일한 승려다. 강항 선생과 우리 학자들의 머릿속에 기억되어 있는 유학, 즉 성리학을 체계적으로 기록하여 조선의 일상 예절문화를 제례, 혼사, 장례, 효행 등과 사서의 학문(대학, 중용, 논어, 맹자)을 후지하라 세이카와 또 한 사람 승려 아카마쓰 히로미치에게 우리 조선의 풍속과 성리학(정주학)을 전수해준 대가로 임란 7년 전쟁이 끝나고 풍신수길이 죽은 후에 1차로 귀국의 허락을 받고 그리운 고국으로 귀국했다. 그러나 고향에 돌아오니 향리는 전쟁으로 폐허가 되고 부모형제 일가친척들 대부분 전란에 희생되어 찾을 길 없는 황폐한 땅을 눈물을 감추고 살아 있는 사람들을 선도하여 재기의 삽을 들고 이 땅에 또다시 새로운 삶의 터전을 가꾸어 나갔다.

이렇게 임란 7년 전쟁이 끝나고 화해의 길이 열려 조선포로 일부를 귀국시키고 양국 간의 외교 교류가 시작되어 조선통신사가 화려한 행렬을 지으며 일본을 왕래하며 그나마 200여 년간 양국 간에 평화가 유지되었다. 그러나 또다시 격랑의 18세기에 들어들자, 서양의 근대과학 문명의 문물이 들어오면서 일본은 서양문물을 일찍 받아들이고 또다시 침략의 마수를 이 땅에 뻗쳤다. 을사오적들과 보호조약을 맺고 조선왕조의 외교권을 박탈해 갔다. 나라를 사랑하는 국민들과 애국지사들이 을사보호조약을 무효로 만방에 호소하고 투쟁했으나 약소국의 힘은 국제사회에 먹혀들지 않았다. 그들의 무력 앞에 마침내 1910년 일본에 한일합방이라는 치욕의 날을 맞아 나라를 빼앗기는 망국의 통한을 겪게 되고 말았다. 험난한 민족의 앞날을 어찌할까? 이 민족을 그들과 동화시키려고 온갖 무서운 만행을 다 저지르다가 이것도 한에 차지 않았던지? 드디어 미국을 향해 1941년 12월 8일 2차 세계대전을 일으켜 우리 조선의 물자자원과 먹고 살아야 할 식량까지 깡그리 강탈하여가고 심지어 이 땅의 젊은 청장년들을 징용으로 전장(戰場)으로 끌고 가서 죽음에 몰아넣어 몇 십만 명의 아까운 목숨을 참혹하게 희생시켰다. 4년간의 무서운 파괴와 살상의 싸움 끝에 일본은 원자폭탄 세례를 받고 히로히토 천황은 미국을 향해 무조건 항복을 하였고, 비로소 우리의 조국은 해방이 되어 국권을 회복하였다. 조국의 슬픈 운명을 어찌 다 말하랴. 아직도 위안부로 잡혀갔던 할머니들이 빼앗긴 청춘을 사과하라고 일본 정부를 향해 그렇게도 외치고 있지만 들은 체도 않는 일본의 정객들. 고귀한 인권을 바로 세워 세계 인류가 평화롭게 살기를 다시금 소망할 뿐이다.

이제 그때를 살았던 세대들은 안타깝게도 80의 고령으로 기억에서 점점 멀어만 가고 있다. 젊은 세대들이여! 현해탄을 마주보고 천여 년 역사 속에 우리의 앞선 문화를 그들에게 가르쳤건만 우리에게 돌아온 것은 무엇이었는가. 이제 지난 날을 역사 속에 남기고 우리는 세계 속의 경제 강국으로 일어섰으니 더는 물러서지 말고 조국의 문화발전, 경제발전으로 복지의 행복을 누리고 인륜, 도덕을 지켜온 민족의 전통을 이 땅에 꽃피워 영원히 계승하고 유지하여야 할 것이다.

2. 開化의 狂風이 밀려온다.

조선조 말에, 일본은 우리보다 앞서 서양에 문호를 개방하여 서양문물을 일찍 받아들여 국력을 강화하고 군사력을 키워 영토 확장에 혈안이 되었다. 그들은 동북아 각국을 향해 끊임없는 침탈의 마수를 뻗치다가 끝내는 청일전쟁, 노일전쟁을 일으켜 청국과 러시아를 물리치고 패권을 검어 쥐었다.

조선왕조는 아직도 눈을 뜨지 못하고 홍선 대원군은 쇄국정책으로 문을 닫고 척화비를 세워 어리석게도 서양의 배척에만 전 국력을 쏟고 있을 때였다. 이런 틈을 타고 일본은 우리나라에 운양호의 군함을 앞세워 강화도에 불법으로 쳐들어와 마침내 운양호 사건을 일으켰다. 이를 빌미로 우리나라와 강제로 강화도조약을 체결했다. 강화조약에 따라 부산항을 개항하고 일본의 근대문물이 물밀듯이 밀려 들어왔다. 그들의 공산품을 우리에게 높은 값에 팔고 우리의 쌀을 헐값을 주고 사가니 수공업으로 겨우 지탱하던 영세산업이 일본 물산에 밀려 무너지고, 농사 역시 일본의 자본에 밀려 영세 농가들이 몰락했다. 뒤늦게 서양 각국과 문호를 개방했으나 일본의 세력에 밀려 조선은 일본의 독무대가 되었다.

이 무렵부터 영세한 우리 농민들은 살길을 찾아 정든 고향을 버리고 만주로 연해주로 이주의 길에 올랐다. 조선조 말 개화기의 슬픈 역사가 시작되었다. 광활한 만주 벌판에서 피나는 개척으로 농토를 일구어 살아온 이주 동포들이 백수십여년의 세월이 흘러 이제 이주 4, 5대의 후손들이 내 조상의 고향이 어디인지도 모르고 조선족이란 이름으로 중국의 흑룡강성, 요녕성, 간도 연변지역에 많이 거주하고 민족의 전통문화를 그나마 계승하고 평화롭게 살아가는 현상이었다.

일본은 그들의 군사력을 앞세워 정치폭력으로 우리 국토를 강취하고 행정과 경찰력으로 이 나라를 강압으로 통치하기 시작하였다. 동양척식회사를 세워 우리의 농토를 헐값에 사들이고 일부는 빼앗아 그들이 차지한다. 처음은 그 땅들을 일본 농민들을 이주시켜 농사를 짓게 하고 일부는 우리 농민들에게 소작을 주어 가을에 수확하면 소작료로 5:5로 나누어 반을 가져가니, 농민들은 살아갈 수 없는 현실에 직면하게 되었다. 한숨과 눈물로 하소연 할 곳 없는 나라 없는 국민들의 설움을 가슴에 품고 일제 강점기의 혹한 속에서 살게 되었다. 우리 국민들의 생업이라야 농사 아니면 가내수공업, 봇짐장사 등으로 수십 년을 그렇게 살아갈 수밖에 없었다.

이것뿐만이 아니었다. 일본의 자본가들이 전국의 좋은 농토를 헐값에 다 사들여 우리 농민들에게 소작농을 주고 소작료로 수확량의 반을 가져갔다 한다. 한 가지 예로 김해 진영의 대농장주 박간방태랑이란 일본인의 진영농장 규모가 2,800여 정보로 100여개 마을 2,000여 농가에서 소작으로 생계를 유지했다고 하니 가히 그 자본력을 알 수 있다. 부산만 해도 이런 대자본가가 세 사람이나 있었다. 이 사람들의 자본으로 부산의 산업을 독차지하여 상업, 무역, 수산업, 금융업, 고리대금업 등으로 우리 국민들의 열악한 재산을 그들이 다 긁어모아갔다. 한 지역의 경제가 이러니 전국의 실상은 어떠했는지를 짐작 하고도 남는다. 그들은 우리 조선을 발전시켰다고 하지만 그 원천은 우리 국민들로부터 수탈해 간 자본이다.

경부선 철도를 부설하여 만주에서부터 우리나라의 쌀, 광산물, 임산물, 수산물 등 수많은 자원을 다 착취해갔다. 경부선을 통해 부산항에서 배로 일본으로 다가져갔으니 그들이야 배불리 먹고 편하게 잘 살았겠지. 조선방직회사를 세워 값싼 임금으로 기계화된 공장에서 직물이 쏟아져 나오니 우리들의 영세한 부업정도의 베틀에서 무명 베 짜서 가족 옷을 해 입고 여분으로 시장진출을 하려하나 이마저도 다 무너진다.

동래 온천은 신라시대부터 이용한 기록이 전한다. 조선시대에는 약효가 있다고 많은 사람들이 의료용으로 이용했다. 이 천혜의 온천을 일본인들은 유람의 장소로 만들어 부산의 일본인 거주지에서 동래온천장까지 10여㎞의 길을 처음은 경량철도로 뒤에 전차를 개통시켜 수많은 일본 거류민들이 온천욕을 즐기고 온천장을 개발하여 여관과 호텔, 별장들을 지어서 그들은 호화의 극치를 누렸다. 동래를 시가지 정비한다고 하면서 역사 깊은 동래성을 다 허물고 우리의 귀중한 문화재 동헌의 대문, 망미루, 래주축성비, 이섭교비 등을 금강공원으로 옮겨 공원을 조성하여 일본 유람객들이 관부 연락선을 타고 부산항에 내려 전차를 타고 온천장에 와서 온천욕을 즐기고 금강공원을 유람하며 동래 별장 등 유명 요식점에서 호화관광을 즐겼다. 그러나 우리는 그들에 의해 고유의 전통 문화는 무너지고 역사 유적지는 폐허가 되었다. 민생은 도탄에 빠져 헤어나지 못하였고 불행하게도 피압박 국민의 설움을 당하고 살아갈 수밖에 없었다.

이와 같이 국가나 개인이나 욕망이 지나치게 과하면 끝내는 망한다는 진리가 전하듯 일본은 만주사변과 2차 대전을 일으켰지만 미국의 국력 앞에 부끄러운 항복으로 전쟁은 끝나고 우리 조선은 광복 되었지만 전후 냉전의 와중(渦中)에서 불행하게도 남북이 분단된 사회현상에서 우리는 대한민국을 건국하고 50년대 한국전쟁으로 폐허가 된 이 땅에서 놀랍게도 기적처럼 3, 40여년의 짧은 세월에 위대한 국민들은 오로지 피나는 노력과 헌신으로 오늘의 번영된 조국을 마침내 기적과도 같이 신의 축복 속에서 이루어 놓았다.

3. 압록강·두만강은 알고 있다.

압록강·두만강 그 유역의 아름다운 자연 경관을 보고 역사적인 불행했던 민족의 수난사를 적어본다. 민족의 영산 백두산에서 발원하여 동으로 흘러 두만강으로 동해 바다에서 만나고 서쪽으로 흘러 황해에서 만나는 압록강은 이름만 들어도 보고 싶은 국경선의 강이 아니던가. 평화로이 흘러가며 유역의 온갖 아름다운 경관을 다 보여주고 한가로이 흐르는 압록강과 두만강이지만 저 멀리 올라가면 우리 민족 선대들이 도강한 고난의 역사가 있다.

아아, 두만강 조선조 말엽부터 외세가 밀려오고 일본제국주의의 야욕을 물리치지 못하고 이 땅에 살았던 백의민족들은 생존의 수단이라야 농사뿐인데 일본인들에게 농토를 다 뺏기고 이 한목숨 살기위해 남부여대하여 정든 고향의 일가친척들과 이별의 아픔 속에서 통한의 눈물을 흘리고 만주 땅, 간도로 또는 시베리아의 연해주로 수십만 동포들이 얼어붙은 두만강을 건너 천지 어디가 동서남북인지, 백설이 뒤덮인 낯설고 물 설은 만주 땅에 한 많은 눈물 흘리고 찾아온 곳이 연변의 용정 땅이나 서간도 일대에 짐을 내리고 피나는 개척으로 옥토를 이루고 살아가기 시작하였다. 그러나 이 땅에서도 나라 없는 민족은 여기에서도 결코 평화로이 살아갈 수 없었다. 중국 마적단의 습격으로 많은 인명과 재산을 잃었는데 더하여 일제는 조국을 빼앗아 자기네 나라로 병합 하고도 모자라 또 쳐들어오니, 나라를 찾겠다고 수많은 애국지사들이 일본군경과 맞서 싸웠으나 무장 앞에 이길 수 없었다.

그나마 유랑민족의 일부는 중국 상해로 가서 임시정부를 세워 대외에 선포하고 한편으로는 광복투쟁의 장소로 간도를 근거지로 하여 서로 군정서의 홍범도 장군, 북로 군정서의 김좌진 장군을 중심으로 수많은 독립운동 단체가 발생하여 서로 연락하고 협력하여 일본군과의 무력투쟁을 벌였다. 싸우는 곳 마다 승리(청산리전투, 봉오동전투 등) 했으나, 일본군의 보복은 더욱 가혹하여 이제는 우리 농민들이 사는 한인촌을 말살하기 위해 방화하고 죄 없는 농민들을 살상하고 식량과 재산을 약탈해가니 민족의 비극을 아는지 모르는지 이 고난을 못 견뎌 일부는 간도 땅을 버리고 연해주로 가서 농토를 개척하여 한인촌을 이루고 어려운 여건 속에서 그나마 살아가게 되었다.

시베리아 연해주의 망망한 대평원에서 농장을 이루어 평화로이 살아가려는데 여기에 또다시 공산 독재자 스타-린이 1937년(중국의 배신인가 일본군의 공작인가) 죄 없는 우리 민족을 강제로 짐승같이 화차에 실어 수많은 동포들을 중앙아시아(카자흐스탄, 우즈베키스탄 지역)로 사막 같은 벌판에 사람을 쓰레기 같이 실어다 버렸으며 시베리아 벌판을 한 달간 열차로 가는데 어린이와 노약한 동포들이 수없이 많이 희생되었다고 한다. 통한의 눈물을 흘리고 나라 없는 민족의 설움을 호소할 곳 없으니 한 많은 눈물만 흘리고 수년 동안 많은 인명피해를 보고 악착같이 개척하여 모진 생명 이어가며 살아온 중앙사시아의 고려인들. 바로 그들이 우리의 한 핏줄이요, 그들로서는 단절의 백여 년 내 조상의 피가 섞인 혈육이 고국의 어디에 사는지 이것조차 족보에서 사라졌다. 이것은 실로 참담한 민족의 비극이다. 티 없이 깨끗한 백의민족의 한 많은 과거사를 알고나 있는지, 지금 중앙아시아의 바로 그때 살아남았던 후손(3. 4세)들의 끈질긴 노력으로 그나마 그 지역의 가장 발전된 문화인으로 살아가고 있는 점은 실로 자랑스러운 현실이다.

특히 압록강 천 리길은 근대 민족 비극의 현장이 아닌가. 압록강의 강변 고구려의 옛 도읍지인 접안의 광개토대왕비가 1,500년 세월의 역사를 말하며 융성했던 고구려의 수많은 유적들을 보면서 우리 민족의 피가 아직도 아니 영원히 계속되지만 그 넓은 땅 다 잃고 조선시대에 압록강, 두만강이 국경으로 굳어졌으니 이제는 대륙의 심장을 결코 찾을 수 없다.

일제가 36년간 얼마나 많은 우리의 천연자원을 수탈해 갔을까. 압록강 유역의 원시림을 다 벌채하여 뗏목이란 이름으로 압록강 물 위에 띄워 다 가져갔으니 그저 강둑에 앉아서 낭만적으로 아름답게 볼 것이 아니었다. 우리의 피와 살을 도려내 간 것이다. 그래도 모자라 수풍에 댐을 막아 그 유명한 압록강 수풍 발전소를 건설하여 전력(70만kW)을 생산하여 대륙 침략을 위해 군수공장을 세워 전력을 공급하고 수많은 광산을 개발하여 지하자원을 다 캐어 갔다. 약한 자는 못살아 나라 없는 백의민족이 비록 국력이 약하여 다 빼앗겼지만, 나라를 찾겠다는 일념으로 중국과 만주를 근거지로 하여 얼마나 많은 독립지사들이 압록강을 넘나들었으며 일제와 투쟁하였는가를 오늘을 살아가는 젊은 세대들은 애국지사들의 우국충정을 분명히 깨달아야 할 것이다.

2차 세계대전으로 일본이 패망하고 우리의 조국은 광복을 찾았다. 그러나 안타깝게도 강대국의 정치적인 이해로 미소(美蘇)를 중심으로 민주주의와 공산주의로 갈리어 이 땅에 또다시 38선이 생겨 남쪽은 자유 민주주의, 북쪽은 공산 독재주의로 끝내는 하나 된 독립 국가를 건국하지 못하고 남북으로 분단되고 말았다. 북은 1950년 6월 25일 탱크를 앞세우고 침공해오니 준비 없는 우리는 낙동강까지 밀리다가 맥아더 장군의 인천 상륙작전의 성공으로 반격하여 북진북진 미7사단이 압록강 혜산진에 우리 육군 6사단이 압록강 초산에 태극기를 세우고 그렇게도 그리웠던 압록강 물을 마시고 통일의 만세소리 천지를 진동하더니 이제는 통일이 눈앞에 온줄 알았는데, 도대체 이게 어인 일일까?

삼십만 중공군의 인해전술에 밀려 그 혹독한 추운 겨울에 통일을 못 이루고 압록강을 뒤로 하고 백설이 뒤덮인 북한 산하에서 중공군의 포위망을 뚫고 수많은 전우들의 희생 속에 남쪽으로 후퇴하여 수도 서울을 두 번이나 적군에 내어주고 또다시 밀어 올려 지금의 휴전선에서 1953. 7. 27 총성은 멈추었다. 근세 우리나라의 비극적인 정세를 그려보며 지구상 분단의 아픔을 불행하게도 겪고 있는 이산(離散)의 한스러움을 담아 서글픈 감회로 남긴다.

4. 안중근 의사 의거 100주년 추모

대한제국 말엽 이 나라에 개방의 문이 열리자, 감당할 수 없을 정도로 외세가 물밀듯이 밀려들었다. 그로 인하여 분쟁이 끊일 날 없는 암울한 시간대에 일본은, 이 나라를 차지하려고 그들의 힘, 무력을 앞세워 청국과 청일전쟁을 일으켜 우리 땅에서 그들끼리 전쟁을 하니 가슴 아픈 현실이지만, 이런 무법천지가 어디 있을까? 일본의 훈련된 군대의 우수한 무력 앞에 청국은 손들고 조선을 지배하려던 야욕을 일본에 빼앗겼다. 이에 힘을 얻은 일본은 이번에는 러시아와 전쟁을 일으켜 일본해군은 제독 도고 해이하찌로가 이끄는 함대가 동해바다에서 러시아의 발틱 함대를 격멸시키고 육군은 만주로 쳐들어가 러시아군을 물리치고 요동 반도를 차지하게 되었다.

그 같은 기세로 조선을 강점하려고 무력으로 온갖 위협을 가하여 고종황제를 물리치고 매국 역적들과 을사보호조약을 맺고 외교권을 약탈해가지 않았던가. 이에 격분한 애국지사들이 이 나라를 지키려고 얼마나 많은 희생으로 투쟁 했던가. 열혈(熱血)의 안중근 의사는 일본의 이등 박문이 만주로 온다는 정보를 입수하고 이등 박문을 처단하려고 모든 준비를 다하여 할빈 역으로 가서 삼엄한 경계를 뚫고 역내로 들어가 이등을 환영하러 나온 인파 속에서 이등의 도착을 보고 열병하는 군인들 속에서 이등 박문을 향해 권총으로 총탄을 퍼부어 꺼꾸러뜨렸다. 총독이 쓰러지는 순간의 감격이 어떠했을까? 통쾌하다. 아니다. 조국을 침탈하려는 수괴를 죽이고 나라를 지키겠다고 이 한 몸 던진 고귀한 희생으로 우국충정을 다 바쳤건만 끝내는 나라를 빼앗기고 말았다. 안중근 의사는 우리 조국을 강탈하려는 일본의 이등 박문을 할빈 역에서 사살하고 대한민국만세 삼창을 부르고 일군에 순순히 잡혀 여순 감옥에 수감되어 일제의 법정에서 내 조국을 약탈 하려는 일본의 수괴를 처단한 것이 조선인의 정의로운 투쟁으로 항변하고 싸웠으나, 당시의 시대적 상황에 비춰 무슨 힘이 있겠는가?

나라를 사랑하는 많은 애국충정의 글씨를 남기고 순국하신지 100년이 지났다. 광복 후 신진초등학교 교무실벽에 '第一江山' 이라는 큰 글씨로 쓴 액자를 보았다. 작은 글씨는 무슨 내용인지 기억이 안 난다. 그러나 작은 글씨 옆에 손바닥 전체가 찍힌 단지된 손바닥이 65년이 지난 지금도 생생하게 기억이 난다. 아마도 단지된 손가락은 약지인 것 같다. 이제야 알고 보니 안중근 의사의 글씨였구나. 일본 대림사(大林寺)에 모신 안중근 의사의 영정. '정의는 살아있다.' 안중근 의사로서는 대한민국 국민으로서 나라를 지키기 위해 정의의 총탄을 퍼부어 이등박문을 사살한 의사로 우리 국민들은 애국의 찬란한 공을 영원히 추앙하고 있다. 어찌 일본의 절에 안중근 의사의 영정을 지금까지 모시고 있을까? 당시 일본군 헌병으로 근무한 지바씨 헌병이라면 우리 독립운동을 하는 애국지사들을 검거 살상 고문하던 일본군의 폭력집단으로 우리 국민들을 가장 무섭게 억압하던 그들이지만 안중근 의사의 정의로운 거사에 그도 내심으로 안중근 의사를 존경 했으리라.

또한 안중근 의사의 '爲國獻身 軍人本分'이라는 글을 받고 그도 크게 감동하였고, 제대 후에는 일본의 대림사에서 안중근 의사의 영정을 모시고 영원히 기도하며 참회했다. 또한 절 마당에 안중근 의사의 글 '爲國獻身 軍人本分'이라는 비석을 세워 지금까지 아니 영원히 이 절을 찾는 일본인들은 100년 전의 역사를 기억하라. 그들의 조상들은 왜 이웃나라 한국을 강점 했는가. 40여년의 수탈과 강압을 벗어난 지 60여년이 지난 지금까지도 다 풀리지 않고 있으니 이는 훗날 역사가 말하리라. 지바씨 같이 정의를 사랑하는 이가 온 인류에 퍼지기를 다시금 소망할 뿐이다.

5. 광복 65주년 그날을 회상하며

1945년 초등학교 3학년을 이렇게 보냈다. 그렇게도 추웠던 겨울은 가고 봄이 오는가. 교실 앞 창가에 자라고 있는 모과나무에 새싹이 터서 초록 잎이 피어나며 연분홍 모과 꽃망울이 많이도 피어나던 아득한 시절, 상급반이 없는 우리들은 3학년으로 진학을 서둘렀다. 그때까지만 해도 우리 반 학생 수

40명, 우리가 3학년으로 진학하니 새로운 1학년 학생들이 입학하여 3개 학년이 되었다. 학교 교실 하나에 3개 학년이 되고 보니 2학년 학생들은 금사동 회관에 가서 공부하고 우리들은 두개 학년이 한 교실에서 공부를 하게 되었다.

때는 일제강점기 2차 대전의 말기라, 우리 모두의 생활은 비참할 정도로 궁핍하였다. 집에서는 지난해 지은 벼농사를 공출로 다 빼앗기고 아버지는 보국대로 끌려가서 일본군 진지공사에 한없이 시달려야 했다. 불행하게도 전국적으로 조선 사람 모두는 운명적으로 일본의 노예가 되어 그들의 명령에 죽지 못해 무서운 박해를 받고 살아갈 밖에 없는 사회현상이었다. 집안일은 어머니가 맡아서 배급 주는 약간의 쌀과 수수, 콩깨묵 등 잡곡으로 연명하려니 이것도 모자라 가을이면 산에 가서 도토리를 따서 도토리묵, 시래기죽으로, 때로는 먹을 것이 없어 점심 굶기를 밥 먹듯 했다. 봄이면 들에 나가 쑥 캐는 것이 아이들과 부녀자들의 일상이었다.

그 같은 처참함을 어찌나 알까? 맛은 없지만 쑥밥으로 밥을 먹을 때는 언제 쌀밥 한 그릇 먹어볼까 하는 것이 소원이었다. 이런 어려운 생활 속에 무슨 공부가 되었겠나. 우리 학교는 간이학교(농업)의 대를 이었으니 봄이면 선생님과 소사가 밭에 나가 씨앗 뿌리고 자라면 어린 우리들이 밭에 나가 풀 뽑고 각종 작물을 가꾼다. 이른 봄이면 씨감자 눈 한 개씩 남기고 잘라 재를 섞어 선생님과 소사가 골을 타주면 20㎝정도의 간격을 두고 어린 우리들이 감자를 심고 흙을 덮는다. 이렇게 농사일 하고 공부하니 무슨 공부가 되었을까?

봄이 가고 여름이 오니 전운은 더욱 깊어진다. 매일같이 일본 본토 어느 도시에 미국 B-29 폭격기가 날라 와서 폭격하고 가니 도시는 불바다가 되고 많은 사람들이 죽었다는 소문이 무섭게 들려온다. 이런 와중이라 3개 학년이 한 교실에서 공부할 수 없어 학교에서 교실 3개짜리 목조 건물을 짓는다. 목수들이 나무를 다듬고 기둥을 세우고 지붕을 기와로 이어 집이 되어 가는 것 같다. 학교 밖 도로에서는 훈련을 한다고 일본군들이 말을 타고 행진을 하고 분주하게 돌아다니고 긴 칼을 찬 일본군이 많은 병사들을 호령하고 설쳐대니 무섭기만 할 뿐이었다. 우리도 경계경보 공습경보가 있을 땐 행동요령을 다 배웠다. 수시로 경계경보 사이렌 소리가 요란하게 들리면 방공호나 나무 밑으로 숨게 한다. 넓고 넓은 남양군도의 수많은 섬에서 일본군은 미군에 밀리어 섬을 따 빼앗기고 오키나와 섬에서 최후의 결전이 벌어졌다.

한편, 집에서는 등화관제로 밤에 불을 못 켜니 공부고 일이고 할 수 없다. 밤이면 서치라이트 불빛이 하늘을 가로지르며 미군기를 찾는다고 한다. 일본에 원자폭탄이 떨어졌다고 수군거리고 그 무서운 폭발력에 도시가 산산이 다 무너졌다한다.

지독한 일본군들이 드디어 항복하고 손을 들었다고 소문이 퍼지고 이제 해방되었다고 어른들은 한없이 좋아하고 만세소리가 천지를 진동한다. 아, 민족의 가슴 속에는 놀랍게도 위대한 조국 혼이 그렇게 살아 있었다.

일제의 강압 아래 마침내 3학년 1학기를 마치고 광복을 맞게 되었다. 학교에는 언제 누가 만들었는지 태극기가 계양되고 '백두산 뻗어내려 반도삼천리 동해물과 백두산이 마르고 닳도록' 이렇게 애국가와 나라를 사랑하는 수많은 노래만 배웠다. 언제부터 인지 한글을 배우기 시작한다. 교과서도 아무것도 없이 칠판에 쓴 글자만 배우면서 공부를 한다. 그러던 중 한글 첫 걸음이란 인쇄판도 아닌 등사판으로 찍은 교과서가 그나마 출간되었다.

미군들이 부산에 상륙하여 금사천에서 불도저로 모래를 산같이 밀어 모아놓고 기중기로 차에 실어가는 것을 보고 그 우수한 기계에 놀랐다. 지게와 삽으로 모래를 싣던 일본군들 무슨 힘으로 미국에 이기랴? 불과 한 달 전의 일들이 100년의 차이가 나는 것 같다. 국내 정세(미군정)도 안정되어 가는가.

초등학교도 못간 청소년들, 1년 과정의 강습소에서 공부하던 청소년들, 모두가 우리 학교로 와서 정규초등 학생이 되었다. 나이와 실력 따라 각 학년으로 배정되었다. 겨울방학을 지나고 새 학기부터 한개 뿐인 교실에 많은 학생들은 교실이 없어 따뜻한 양지 바른 곳이나 강둑 밑의 따뜻한 곳을 찾아 다니며 무릎을 책상 삼아 공부를 한다. 불행하게도 일제시대 3개 교실을 짓던 집이 광복 후에 방치했다가 어느 날 밤에 무너지고 말았다.

겨울방학을 지내고 학교에 가니 학구 변경으로 반송동 학생들은 장산초등학교로 가라고 한다. 아무도 인솔하는 선생이 없다. 우리는 금사초등학교보다 거리가 더 멀다. 이래서 아무도 어느 학교에도 가지 않고 집에서 놀았다. 얼마나 지났는가. 철마면 고촌리에 있는 일본이 버리고 간 광산 사무실과 창고를 한규석 교장선생님이 수리하여 신진초등학교를 설립하여 안평과 고촌의 학생들을 철마초등학교로부터 분리하여 두개 마을의 적은 수의 학생들로 공부하고 있었다. 바로 우리 마을 이웃이라 우리들 반송학생들은 전원 신진초등학교로 전학했다. 나는 4학년에 편입되어 초등학교 교육을 마쳤다. 잠시 지난날을 돌이켜보니 일제강점기의 유년 시절에는, 전시하에서 학교 농사일에 공부도 못하고 광복 후에는 교실 없는 학교에서 야외 수업으로 3학년 한해를 그렇게 덧없이 보냈다.

6. 근·현대사의 격동

동방의 아름다운 금수강산 유구한 역사 속에 단군聖조가 나라를 세운지 5천여 년. 고대국가와 역사의 기록 속에 신라, 백제, 고구려, 삼국의 빛나는 문화유산을 남기고 고려국의 찬란한 청자문화를 꽃피웠다. 태조 이성계의 조선 건국으로 오백년 조선왕조의 제4대 세종대왕의 한글(훈민정음) 창제로 어려운 한문에서 만 백성들이 한글을 배워 기록문화 유산을 남겼다.

19세기부터 외래 문물이 밀려들어 오기 시작하자 우리 독자의 문화로 조선 왕조를 지키고 살겠다는 일념으로 대원군은 쇄국정책을 세워 척화비를 세우고 물밀듯이 밀려오는 외세와 싸웠다. 서양의 산업 혁명으로 근대 기계화 문명이 일어나 강력한 군사력으로 포함을 앞세워 통상을 요구하며 들어와 싸웠지만 무력 앞에 개항의 문을 열어주고 서양의 문물을 받아들였다. 미국, 영국, 독일, 프랑스, 러시아, 일본 등 열강들이 우리의 문화유산을 많이도 탈취해가고 이 땅은 그들의 이권 선점을 위한 세력 다툼으로 나라는 외세의 전쟁터가 된다. 항만개발권, 광물채취권, 철도부설권 등 근대산업이 밀려오며 일본은 중일전쟁, 노일전쟁을 일으켜 중국, 러시아, 세력을 물리치고 조선의 국토를 삼키려는 음모를 고종 황제의 승인 없는 을사오적들과 을사의 늑약을 맺어 이 땅의 외교권을 빼었다. 그들은 이름 좋은 보호국을 만들었다.

풍전등화와 같은 조국의 운명을 개탄하고 수많은 애국지사들이 일본과 싸웠다. 이에 국권강탈의 원흉 이등 박문을 만주 할빈 역에서 안중근 의사가 정의의 총탄을 퍼부어 쓰러뜨렸다. 국권을 잃은 민족 어질고도 순한 백의민족이 아니었나. 수난의 고통과 어렵고도 힘든 삶은 무슨 말로 다 표현하리. 역사가 말하고 있다. 농사를 짓고 한반도에서 살아가던 어진 백성들이 농토는 다 빼앗기고 지주들의 소작농으로 전락하여 두 배의 일을 하고도 겨우 연명만 해오던 불쌍한 백의민족들이었다. 일제 강점기 강압정치의 학정에 모진 고통을 당해 가며 노예 같은 생활을 하지 않을 수 없었다.

1919년 3월 1일 울분의 분화구는 터져 민족대표 33인이 대한민국 독립을 선언하고 학생들을 선두로 전 국민이 일어나 대한독립만세를 부르고 일본군경과 싸웠다. 그 여파로 전국 삼천리강토에서 수많은 백성들이 다 일어나 태극기를 흔들고 대한독립만세 소리는 천지를 진동한다. 왜놈들의 무단통치로 이 민족의 인권은 동물보다 못한 학정에 원한의 피눈물을 삼키고 왜놈들의 총칼 앞에 수많은 백성들이 희생되고 투옥되어 모진 고문으로 일부는 불구의 장애로 한 많은 인생을 살아왔다. 수많은 애국지사들은 해외로 망명하여 미주에서 하와이에서 중국대륙에서 독립운동을 전개해 나갔다. 중국 상해에 임시정부를 세워 김구선생을 주석으로 20여년의 긴 세월을 일본과 싸웠다. 의열단, 조선의용대, 대한독립군 등 수많은 독립운동단체들이 북지와 만주 땅에서 일군과의 싸움에서 희생도 많았고 통쾌한 전승을 올리고, 역사에 길이 남을 서간도의 청산리 전투, 봉오동 전투에서 수많은 일본군을 무찌르고 승리했지만, 혹독한 왜군들은 수십만의 죄 없는 우리 동포 농민들을 살상과 약탈, 방화로 보복을 했다. 산업체가 없으니 노동으로 연명하고 농사도 인력으로만 지었으니 얼마나 힘든 고통의 세월이었는가? 돌이켜 생각하면 실로 눈물겨울 뿐이다.

왜놈들의 욕망은 끝이 없었다. 우리 조선의 강토를 다 빼앗고도 모자라는가. 중국대륙에 쳐들어가 만주사변을 일으켜 전쟁의 구실을 만들어 넓고 넓은 중국대륙에서 수십만의 인명을 살상하고도 모자라 미국을 향하여 선전 포고도 없이 몰래 태평양을 건너 하와이 진주만의 미국 해군 기지를 폭격하여 미국 태평양 함대를 무력화 시키고 2차 세계대전을 일으켰다. 이 전쟁에 우리 조선의 장정들을 징용으로, 징병으로 수십만명이 끌려가 그놈들의 총알받이로 희생되었다. 젊은 처녀들을 끌고 가 그놈들의 위안부로 이 민족을 말살하려 했던가. 광대한 태평양의 수많은 섬에서, 중국의 대륙에서 한 많은 생을 마친 우리의 청장년들이 몇 십만, 몇 백만인가. 고향에 남은 가족들은 자식과 형제들을 기다리며 통한의 눈물로 세월을 보내고 그래도 연명하려고 농사를 지어놓으면 공출로 거두어 들인 벼를 다 빼어 갔으니, 먹을 것이 없어 봄이면 들에 나가 쑥을 캐어 밥에 넣어 먹고 해조류의 일종인 톳 나물로 밥이나 죽을 끓여 연명했다. 이 민족이 왜놈들에게 당해온 학대는 민족의 역사에 영원히 남아 있을 것이다.

1945년부터 미군기의 일본본토 공습과 태평양의 수많은 섬들이 미군의 진격으로 착착 점령해 들어갔다. 마지막 오키나와 섬에서 결사의 싸움 속에 미 공군은 일본본토 히로시마와 나가사키에 원자폭탄(핵폭탄)을 투하하여 수십만 시민들이 희생되고 도시는 잿더미로 변했다. 더 이상 싸울 기력을 잃은 일본은 1945년 8월 15일 정오에 히로히토 천황의 무조건 항복한다는 방송으로 2차 세계대전은 4년 만에 끝났다. 일본의 항복으로 조국은 36년간의 일제통치를 벗고 해방되었다. 광복의 기쁨으로 전국이 환호의 만세소리에 뒤덮였다. 그러나 우리 국민들이 원하는 대로 독립은 되지 못하고 전후처리를 한다면서 미, 소가 삼팔선을 그어 북쪽은 소련군이 남쪽은 미군이 점령하여 군정을 시행하면서 북한은 공산주의 인민공화국을 세우고 남한은 자유 대한민국을 세워 양대 파로 갈리어 극심한 자유 민주와 공산주의 세력싸움이 일어났다.

민생은 폐허에서 일어나려고 피나는 노력을 다 바치고 가난을 면하려고 일했으나 농사는 흉년이 들고 물가는 하늘 높은 줄 모르고 올라만 간다. 부족한 물자와 열악한 생활환경, 문화생활과는 너무나 먼 거리에서 배고픈 보릿고개는 몇 번이나 만났는지. 보릿고개를 아시는지. 가을에 거둔 쌀이 다 떨어지고 보리는 익지 않고 먹을 것이 없어 고통 받는 배고픔은 무엇을 먹고 배를 채워 살아가나. 부모님 세대들은 이렇게 어려운 세월을 살고 가셨다.

광복 전후에 민생이 이런 정도로 살기가 어려운 가운데 좌익 세력들이 깊은 산에 숨어서 테러(빨치산. 공비)와 약탈 파괴로 평화로운 세상이 못되고 치안은 어지러워 밤이 되면 공비들의 습격이 무서워 공포의 밤을 수년을 보냈다. 밤낮없이 군경들이 공비 토벌작전을 벌여 격퇴 했지만, 끝내는 1950년 6월 25일 북한 인민군들은 남침을 감행 3일 만에 서울을 점령하고 낙동강까지 밀고 내려와 이 땅은 초토화가 되었다. 3년간의 긴 전쟁에 16개국 연합군이 파병되어 국군과 함께 정의의 깃발을 앞세워 싸웠으나 통일을 이루지 못하고 밀고 밀리는 전쟁이 3년 만에 휴전으로 현 전선에서 끝났다.

수십만 군경의 인명피해, 백만이 넘는다는 민간인의 피해, 수백만 이산가족들이 고향을 찾지 못하고 부모형제 한번 만나지 못한 한 많은 설움을 가슴에 묻고 연로하신 어른들은 타계하고 이제 그 전쟁 피해의 1세대들은 80의 고령으로 너무나 시간이 없다. 이 안타까운 현실을 그 누가 풀어주나. 수천억만의 재산 피해를 입고 전쟁의 피해복구에 들어갔다. 이것이 50년대까지의 내 조국 대한민국의 불행한 현실이었다.

7. 격동의 세월을 넘어

다행스럽게도 점차 미국과 기타 외국 원조의 도움으로 민생은 안정되어 가고 국토는 재건에 들어갔다. 60년대 들어 박정희 정부 하에서 경제개발 5개년 계획으로 외자를 차관으로 들여와 큰 공장을 세워 수많은 일터를 만들어 근로자들에게 일터를 제공하고 기술자들과 근로자들의 피나는 노력으로 좋은 상품 만들어 해외로 수출하니 이 나라의 경제지수는 올라가고 서민들의 생활은 향상 되어 가니 삶의 희망이 보인다. 이렇게 국가와 기업경영자, 기술자, 근로자들이 함께 힘을 모아 일하니 나라의 부는 축적되고 기업은 더욱 발전되고 국민들의 생활은 선진국을 향해 매진하였다.

세상이 얼마나 발전했는가. 한세대 이전에 걸어 다니던 길이 자동차가 달리고 고속열차가 달리고 하늘에는 비행기가 날고 바다에는 돛단배에서 수만 톤, 수십만 톤의 유조선과 무역선이 오대양을 누빈다. 우리네 가정은 어떤가. 모든 생활용품들이 전자화 되어 TV로 컴퓨터로 휴대폰으로 방에 앉아 세상 구경을 다하고 지상에서 일어나는 온갖 정보를 방에 앉아서 다 듣고 볼 수 있다. 여름이면 시원하게 겨울이면 따뜻하게 우리들의 생활은 옛사람들의 말로 천지가 개벽한 것이 아닌가. 참으로 편리하고 발전된 문명 세계에서 살아간다.

불과 6, 70년 전만 해도 전염병의 괴질이 한번 돌았다 하면 타고난 생명은 제명대로 살지 못하고 어린 시절 홍역, 콜레라 등 전염병으로 이 세상의 빛을 보지 못하고 많은 생명들이 일찍 가는 것을 보았다. 오랜 세월 의학자들의 끝없는 연구와 노력으로 진단과 치료법을 알아내고 좋은 약품 개발하여 우리 인명을 구해주니 천사가 따로 없구나. 그 옛날의 평균수명 40, 50세도 못되었는데 이제 70을 넘어 80으로 늘었으니 좋은 세상 살면서 서로 돕고 평화로이 사는 것이 인생의 본분이리라.

과학의 발전이란 끝이 없는가 보다. 30여 년 전부터 달나라로 우주로 인공위성 띄워 우리가 살고 있는 지구를 큰 별 같은 것이 빛을 내며 하늘을 날아가는 것을 여름날 시골집 마당에 자리 깔고 누워 하늘은 보면 수시로 보이니 저것이 인공위성 이란다. 지금은 대기의 흐림과 지상의 불빛으로 도시에서는 잘 볼 수 없지만 여름밤의 은하수, 겨울밤의 북두칠성, 오리온성좌 등 하늘의 별을 본 것도 먼 옛날의 이야기로 들린다. 지금도 흔히 불빛 없는 시골에서는 볼 수 있다.

60년대 어느 해인가, 달나라에 사람이 착륙한다는데 이를 보려고 직장에서 잠깐 나와 TV 있는 집에 가서 달에 사람이 내려 껑충껑충 뛰듯이 걸어가는 것을 보고 참으로 놀랐다. 과학 발전의 힘은 이렇게 사람들을 흥분 시킨다. 이제는 멀고 먼 화성에 우주선을 보내어 착륙했다고 하니 상상은 안 되고 신기하고도 흥미로울 뿐이다. 수년 전 부터는 우주선을 보내어 우주정거장을 만들어 훈련받은 우주과학자들이 며칠씩, 몇 달씩 거주하면서 온갖 실험 다하여 우리 인생을 편하도록 수많은 연구를 다 한다지. 우리의 이소연 박사는 젊은 여성의 몸으로도 우주 정거장에 가서 맡은 실험 다하고 돌아왔으니 너무나 자랑스럽다. 우주에서 찍은 지구의 사진을 보고 어떻게 인간이 사는 지구별이 저렇게도 아름답고 또 세밀하게 잘 보일까. 먼 나라 이야기가 아닌 우리에게도 한발 가까이 다가왔구나. 전남 나로도에서 우주발사대 만들어 우리 손으로 우주선을 만들어 발사하는 날이 머지않다는 뉴스를 들었다. 이제는 이 시대를 우주시대라고 불러야 하겠다.

지구의 최고봉 에베레스트 산의 설풍을 맞아가며 혹한의 빙벽을 올라 태극기를 세우고 세상을 정복한 듯 대한 남아들의 발자국을 남기고 끝없는 도전으로 남극, 북극 다 밟았다네. 100년 전 아문젠과 스콧트의 남극 정복에 이어 사람이 살 수 없는 남극의 얼음 위에 세계의 선진국들과 우리 대한민국도 함께 세종기지 만들어 살면서 해양생물 극지의 기후와 자연

자원을 심혈을 다 바쳐 연구한다. 아직까지 하나밖에 없는 지구 위에 사는 사람들이 더욱 편리하고 편하게 살도록 끝없이 연구 개발하는 수많은 과학자들은 진정 인류의 선각자이다.

인류가 평화롭게 살아가려면 지구의 유한한 자원을 아끼고 무한한 자원을 찾아 응용하는 기술을 개발하여 인류의 복지를 누리고 영원한 삶은 이어질 것이다. 수천 년의 느린 발전이 근대 1세기 동안 이루어진 발전상은 수동에서 기계의 힘으로 이제는 초 전자 시대로 발전 되어 가니 앞으로 백년, 이백년 후의 시대는 어떤 변화의 세상이 올 것인지 추리소설에서나 상상해 보고 아득한 영상으로 그려본다.

8. 광복 후 좌·우익의 갈등

일본은 2차 세계대전을 일으켜 4년간의 긴 세월 미국과의 전쟁에서 원자폭탄의 세례를 받고 1945년 8월 15일 일본 천황은 무조건 미국에 항복하고 이 전쟁은 끝났다. 36년간의 일제치하에서 우리 민족은 노예같이 끌려가 전쟁터에서 수백만 명이 희생 되었다. 이제 조국은 일제의 사슬에서 벗어나 광복 되었다. 해방의 기쁨으로 만세소리는 삼천리 방방곡곡에서 울려 퍼졌다. 이제부터 조선은 독립 국가를 세워야한다. 망명길에 올라 미주와 중국 등 해외에서 조국의 독립을 위해 투쟁하시던 애국지사들 해방된 조국으로 찾아들었다.

우리나라는 9월초에야 미군이 상륙하여 일본총독과 일본군부로부터 항복을 받고 정부를 이양 받아 미군정을 펴고 국민들은 미군정하에 국가질서를 바로 세워 가는데 광복 전 연합국이 38선을 그어 북은 소련군이 남은 미군이 주둔하여 일본군의 무장 해제를 약속하고 38선을 경계로 남북이 갈리었다. 서로 정치 형태가 다르니 북은 소련을 따라 공산국가를 세우려 하고, 남은 미국을 따라 자유 민주국가를 세우려고 정치세력 간에 암투가 벌어졌다. 미소공동 위원회를 열어 북은 신탁통치를 찬성하고 남은 반탁으로 대한민국 건국을 위해 쌍방의 대립이 극심하여 양대 진영으로 갈리어 암투와 테러가 벌어지는 정치싸움이 일어났다. 일찍부터 소련의 마르크스레닌 사상에 심취했던 공산주의자들이 남로당을 만들어 그들 집단들이 공산국가를 세우려고 테러와 폭력으로 이 나라의 치안질서를 어지럽히고 민생을 힘들게 만들었다.

경찰의 단속이 심해지자 이들은 산속으로 숨어들어 밤낮없이 공산주의를 찬양하는 벽보를 마을마다 도로마다 붙여 국민들을 현혹케 한다. 초등학교 5, 6학년 때라 벽보의 내용이 지금도 기억난다. '무상몰수, 무상분배' 부자의 농토를 빼앗아 가난한 농민들에게 무상으로 나누어 준다고 많이도 떠들고 헛된 거짓 구호를 외친다. 일제강점기 때도 없었던 일인데 어찌 남(부농)의 땅을 빼앗아 가난한 농민들에게 나누어 준다? 어느 누구도 고개를 갸우뚱 의심하지 않을 수 있으랴. 이들의 행위가 날로 극심해 폭력으로 이어 간다. 그들의 요구에 응하지 않으면 유력 인사들을 납치해 살상하고 집을 방화하고 폭력이 극심해가니 경찰에서 그들을 발본색원 하려 나선다. 폭력은 더욱 심해가구나. 내가 보았던 첫 사건으로 우리 마을 앞을 지나 기장 쪽으로 가는 전신주를 밤에 몰래 톱으로 모조리 잘라 전화선을 절단하고 어디로 가는 전화선인지 모르지만 그곳의 경찰지서나 관공서를 파괴하려고 했을 것이다.

이 같은 사건이 일어난 후부터 더욱 경찰의 단속과 경비가 심하고 불심검문도 하니 민생은 더 어려워만 갔다. 이후부터 경찰의 지시로 전주 경비를 위한 지역민들이 밤마다 전주를 지키려고 순찰경비를 한다. 민간인들이지만 불을 피워놓고 순찰을 하니 전선 절단 사건은 일어나지 않았다. 이후부터 공산분자들을 빨갱이라고 하는 말이 처음 나온 것 같다. 80대 노령들은 이들의 행패를 많이 경험하고 듣고 알고 있으리라. 이들은 완전한 강도들이다. 산에 숨어 먹고 살자니 밤에 마을에 내려와 약탈해간다. 주민들이 소장하고 있는 식량과 의복 등 필수품 등을 요구대로 내어주지 않으면 무서운 보복이 기다린다. 납치, 살상, 방화로 참으로 무서운 세월이었다. 그들의 만행은 선악의 구분이 없다. 어쩌다 신작로 길을 다니는 차(주로 트럭)가 밤길을 못 간다. 밤에 불을 밝히고 도로를 달리다간 그놈들이 없으면 천만다행이고 빨치산 놈들에게 들켰다하면 차를 세워 불태워버린다.

이 같은 일들이 곳곳의 도로에서 일어났다. 치안이 이러니 국민들의 생업이 어떠했는가를 짐작하리라. 경찰에서 무장하고 이들 공비들을 토벌하기 위해 공비들이 있을만한 깊은 산으로 토벌을 나간다. 전투대형을 지어 온산을 누비고 찾아 때로는 공비들과 만나 총격전이 벌어지고 그놈들의 아지트를 파괴해 버린다. 이들 빨치산 공비들의 준동으로 어느 곳 할 것 없이 낮에는 농사를 지어야 되고 밤이면 공동으로 마을을 지키고 파출소 습격에 대비하여 경찰을 도와 파출소 경비도 해야 하니 이 시대를 살았던 당시의 국민들, 특히 농민들이 무서운 공포 속에서 살아가는 암울한 시간대인 1950년 6월 25일 예기치 못한 상황에서 북한군들이 남침을 시작했다.

포항, 대구, 낙동강을 따라 충무지역만을 남기고 전국토가 북괴군들에게 점령을 당한다. 병력이 열악했던 우리 국군들은 여기까지 밀렸지만 조국을 사랑하는 젊은 청년, 학도들이 고향을 뒤로하고 책가방을 버리고 전선으로 달려 나가 육탄으로 공산적군과 목숨을 걸고 우리의 조국을 지켰다. 전쟁으로 얼마나 많은 국민들이 희생되고 납치되고, 또 주택과 산업시설이 안타깝게도 처참하게 파괴되었다. 전쟁의 와중(渦中)에 미처 후퇴하지 못한 인민군들과 공비들이 깊은 산속에 숨어들어 후방을 교란하려고 때와 장소를 가리지 않고 출몰하여 민가를 약탈하고 방화하고 파괴하고 선량한 민생을 무참히 살해하였다.

까닭에 매일같이 군경과 농촌의 청년들이 공비토벌에 나서 전선 아닌 후방에서 그들과 치열한 전투를 벌였고, 이로 인한 우리 청년들과 경찰관들의 희생은 매우 심각하였다. 이렇게 3년의 전쟁이 끝나고 그 지독한 빨치산 공비들도 북으로 도망갔는지, 땅속으로 사라졌는지. 한 순간 종적을 감추었다. 1950년대 중반에 가서야 국민들이 다리를 뻗고 편안한 잠을 즐기게 되었다. 비로소 우리의 조국 대한민국에 영원한 평화가 찾아와 사랑하는 국민들은 삶의 터전에서 행복을 누리고 살아가게 되었다.

무너진 삼팔선

미명의 새벽 북녘 하늘 저 멀리서 울리는
캐터필러 굉음소리 지축을 흔들고
삼팔선을 지키던 국군 진지에
첫 포성 울리며 무자비한 탄우가 쏟아진다
이리떼 같이 달려드는 북쪽 인민군들

평화로운 이 땅에 밀물같이 밀고 온다
조국을 지키려고 육탄으로 뛰어든 젊은 용사들
중무장 앞엔 그 어떤 충성심도 희생뿐이었다
아-- 조국의 운명이여 님을 두고 밀려가니
이슬비 내리는 그날 아침 삼팔선은 무너지고

피눈물이 가슴속 깊은 한을 남기고
양 같이 어진 백성 이 무슨 날벼락인가
살기 위해 떠나야 할 비운의 한을 남기고
함께 떠난 가족들은 안도의 한숨을 쉬며
산산이 흩어진 핏줄은 어디에서 만나리

고향을 뒤로하고 언제 다시 찾으려나
피눈물을 흘리고 떠나온 피난 행렬
민족 대 비극의 역사가 시작되었다
피난살이 고달픔은 단장의 고통이라네
누란의 위기 앞에선 조국을 지키려고

수십만 장정들 부모형제 이별하고
전선으로 달려 나가 악마의 이리떼들 물리치고
삼년의 긴 세월 밀고 밀리는 전쟁터에서
꽃다운 청춘 산화하여 어느 산하에 잠들었나
님들이 흘린 피로 조국을 지켰다

이날을 잊지 말자 민족의 비극 6. 25.
60년 세월 속에 흘린 피땀 조국은 일어섰다
평화로운 대한민국 우리가 지켜야
영세토록 후손들이 번영한다
영원한 조국이여 아 대한민국 만세

9. 아아, 어찌 우리 이날을 잊으랴

전쟁은 인류를 말살하는 비극이다. 1950년 6월 25일 고요히 잠든 일요일 새벽 4시. 우리 국민들과 국군들은 휴일이라 자유로이 깊은 잠에 빠져 있을 때 탱크를 앞세우고 이리떼 같이 밀고 내려오는 북한 인민군들의 중무장 앞에 삼팔선의 방벽은 무참하게 무너지고 적의 탱크와 야포 앞에 힘없이 밀려 수많은 장병들이 총칼로 저항을 했지만 희생만 당하고 밀리고 밀려 3일 만에 수도 서울을 빼앗기고 말았다. 생지옥 같은 아비귀환의 대혼란 속에 서울시민들은 급박한 남으로의 피난길에 나섰고, 인민군의 남하를 저지하려고 군사작전이라고는 하지만 국군이 불식간에 한강교를 폭파한 까닭에 뒤따르던 국군들과 피난민들의 한강 도하의 길이 막혀 수많은 희생을 치르게 되었다. 적의 치하에서 죽음의 공포에 시달리면서도 피난민의 일부는 도하에 성공하여 남으로의 피난길에 올랐다.

젊은 세대들이여, 이처럼 바로 그대들의 부모님, 조부모님들이 생사의 갈림길에서 이렇게 우리의 조국과 이 땅의 평화와 자유를 지켰다. 경무장한 국군들이 중무장한 인민군들의 탱크 앞에 폭탄을 가슴에 안고 적 탱크의 무한궤도 앞에 뛰어들어 육탄으로 저항하며 적의 진격을 지연시키고 저지하며 싸우다 장렬하게 산화한 장병들의 피 끓는 애국심 죽음으로 조국을 지킨 빛나는 무공을 자랑스런 그들이 흘린 피로써 지킨 나라 조국을 지키겠다고 다시금 약속드려야 그들의 영령이 편안히 영면할 것임을 오래 기억하여야 한다.

이렇게 밀리고 밀려 낙동강까지 밀려왔다. 전쟁을 피해 전 재산을 다 버리고 가족을 잃고 도보로 열차로 수십만 수백만 헤아릴 수 없는 수많은 피난민들은 부산까지 밀려 내려와 노숙으로 배고프고 목마름은 단장의 아픈 고통이었다. 판자를 얽어 비바람만 막고 살아가는 처참한 모습들, 잃은 가족 찾으려고 울부짖는 아비귀환의 생지옥이 바로 전쟁의 참상이었다. 영도다리와 동강동의 40계단에 나의 흔적 남기며 기약 없는 기다림, 피눈물을 흘리고 살아가는 피난민들의 애통한 슬픔을 어찌 잊으랴. 어쩔 수 없이 피눈물을 흘리며 그들이 버리고 온 고향의 하늘 아래 남은 가족들의 생사가 얼마나 그립고 보고 싶을 것인가? 이산의 아픔은 결코 건널 수 없는 민족의 비극이기에, 간장을 도려내는 아픈 심정을 어느 누구도 대신

할 수 없는 것이리라.

이처럼 생존의 위험 앞에 굶주리고 목마른 고통을 우리 노세대들은 지켜보고 왔다. 전쟁 당시 영도다리 40계단 노래도 크게 유행하여 여기가면 만날 수 있으리, 막연한 희망 속에 살아가는 피난민들의 고난은 그래도 나았으리라. 피난 가지 못한 수많은 국민들은 공산치하에 잡혀 죄 없이 무서운 고문을 당해가며 노역장에 끌려가 뼈가 부러지도록 일을 했으리라. 수많은 국민들이 납치되어 북으로 끌려간다. 단장의 미아리 고개의 노래 가사와 같이 피눈물을 흘리고 맨발로 손발이 묶여 끌려간 애국시민들은 북녘으로 끌려가 얼마나 많은 중노동에 시달리다 가족들과는 영원한 이별로 소식 없는 60년 한 많은 설움만 남기고 이제는 만날 수 없는 이산의 슬픔을 가슴에 안고 떠나신 분들과 상봉의 희망은 사라질 것인가? 아아, 못내 슬픔이 앞설 뿐이다. 전쟁의 산물이여! 왜? 인륜을 가로막고 고향을 찾지 못하고 부모형제를 만나지 못하는 슬픈 세월을 보내게 하는가? 이제 이런 비극의 세월은 우리대로 끝나고 이 땅에는 무궁화 향기 넘쳐나는 평화로운 금수강산 아름다운 자연 속에 파묻혀 살아갈 수 있는 나라를 치욕과 비극의 역사는 역사의 강물에 흘려보내고 자손만대에 물려주어야 할 것이다.

국군들은 이렇게 밀려 낙동강 전선에서 후퇴를 멈추고, 포항에서 영천, 대구, 창녕, 통영을 잇는 낙동강 교두보에서 더 밀리면 이제는 조국은 사라진다. 나라를 지키려고 꽃다운 청춘을 이름 모를 산천계곡에서 달려드는 적들의 총칼 앞에 달려 나가 너(공산군)를 물리쳐야 이 나라 이 민족을 지킨다. 총탄이 빗발치는 산하가 시산혈해를 이루며 악전고투의 전투를 벌이며 전진의 준비를 하고 있을 때, 국제연합은 유엔 안전보장 이사회를 열어 만장일치로 유엔군을 파견하기로 결정하고 16개국 연합군이 이 땅에 파견되어 온다. 한편 맥아더 장군은 인천 상륙작전을 세워 9월 15일 수백 대의 군함으로 인천 앞바다에서 상륙을 시작하여 9월 28일 3개월 만에 서울 탈환을 성공하고 남하하는 적의 보급로를 차단하고 퇴로를 막았다. 서울 탈환소식을 알리는 전단을 비행기에서 뿌리는데 주워서 보니 한반도 그림에 북에서 남으로 내려오는 보급선을 서울에서 가위로 자르고 인천 상륙 그림과 낙동강을 교두보로 하여 북진하는 장병들의 보도와 소식통을 접하며, 이제는 전쟁이 끝나는 줄 알았다.

한편 우리 국군들은 낙동강을 교두보로 하여 치열한 전투를 벌이며 수많은 전우들의 주검을 뒤로하고 추풍령을 넘어 서울을 향하여 진군가를 부르며 거대한 파도가 밀려가듯 승승장구 북으로 밀고 올라간다. 인천 상륙에 성공한 유엔군 일부는 남하하며 올라오는 적을 섬멸한다. 적은 독안에든 쥐가 되어 일부는 지리산으로 들어가 빨치산들과 합류하여 후방을 교란하고 민생을 괴롭힌다. 군경들의 토벌작전에 수년 만에 완전히 소탕되었다. 후방은 공비들의 출몰로 전국이 전선 없는 전쟁터가 되어 지리산을 중심으로 일부는 그들의 천하가 되기도 했다. 그놈들의 말대로 보급 투쟁 한다고 밤이면 밤마다 마을로 내려와 식량을 약탈하고 저항하면 살상하고 방화하고 도망가니 참으로 무서운 세상이었다. 서울을 탈환하고 중앙청에 태극기를 우리해병 장병들이 세웠다.

삼팔선에 도달하여 맥아더 장군의 삼팔선 전선의 돌파 명령으로 국군과 유엔군들이 앞 다투어 파죽지세로 밀고 올라간다. 유엔군 장병들은 낯설고 물 설은 만리타국의 기후와 풍속이 다른 이방의 나라에 와서 고귀한 목숨을 희생하며 공산군과 맞서 자유를 지켜주었다. 우리는 16개 참전국 장병들의 희생을 결코 잊어서는 안 된다. 진격에 진격을 거듭하여 우리 국군들이 평양에 먼저 입성하여 평양을 탈환하고 승승장구 돌진하여 10월 하순 우리 국군들이 압록강 초산에 도달하여 강변언덕에 승리의 태극기를 세우고 대한민국 남북통일 만세를 목이 터지도록 외쳤으리라.

압록강 물마시고 압록강 물을 수통에 떠 담는 보도사진을 보고 이제는 통일이 눈앞에 왔구나. 환호의 함성이 천지를 진동하였다. 이것도 잠시 어느새 수십만 중공군이 야밤을 틈타 얼어붙은 압록강을 건너 북녘 땅 깊숙이 숨어들어 우리의 보급선을 차단한다. 이때부터 후퇴를 한다. 겹겹이 둘러싸인 중공군의 포위망을 뚫고 백설이 뒤덮인 낯 설은 산하를 모진 추위와 굶주림과 싸우며 길 없는 산으로 남으로 후퇴하면서 얼마나 많은 장병들이 전쟁포로가 되거나 전사로 희생되었다. 북녘 동포들의 피난 행렬은 천리를 멀다 않고 혹독한 추위 속에 남으로 향해 어린 자식들 손잡고 무거운 짐을 지고 미끄러운 눈밭 길을 걷고 걸어 끝없이 내려오며 무너진 대동강 철교에 아슬아슬 하게 매달려 살기위해 필사적으로 건너오는 사진을 보고 공산독재의 학정에 몸서리 칠 수밖에 없었다. 이처럼 고향을 버리고 가족과 이별하고 한 많은 눈물 삼키며 떠나온 지 60여년. 이제는 영영 찾아가지 못할 고향인가, 아아 슬픔이여 보고 싶은 부모형제 꿈속에서라도 한 번 만나고 싶구나. 사진 속에 전개되는 피난길의 고달픔은 천형의 벌도 아닌데 어찌 이럴 수가 있나. 그때를 살았던 북녘 동포들. 공산 학정이 얼마나 무서웠는가를 절절하게 실감하게 되었다.

동해안으로 진격한 유엔군과 국군장병들은 내륙으로 압록강 혜산진까지 해안으로 청진까지 진격했으나 중공군의 참전으로 후퇴에 후퇴를 거듭하여 흥남 부두에 집결한다. 중부 산악지대 장진호로 진격한 미 해병사단은 영하 20, 30도의 혹한 속에서 중공군의 포위망을 뚫고 많은 인명피해와 장비 손실을 보고 흥남 부두에 도달하였다. 흥남 부두에 집결한 장병들이 미리 대기한 수송선에 10여만의 북녘 피난민들과 함께 타고 내려오면서 수십만 북녘동포들 함께 오지 못한 남은 가족들 생사는 어찌 되었을까? 참으로 전쟁은 무서운 싸움이다. 이렇게 중공군의 참전으로 두 번이나 서울을 내어주고 봄에 다시 밀어 올려 서울을 수복하고 현 전선에서 휴전이 될 때까지 한 치의 땅도 더 찾으려고 밀고 밀리며 포탄이 작열 하는 섬광은 밤이 낮으로 변해 우리 국군들과 유엔군들은 수십만의 희생 속에 나라를 지켰다. 나라에서는 6월 6일을 현충일 국경일로 정하여 나라 위해 산화하신 장병들의 영현을 국립현충원에 모시고 조국을 지켜주신 영령들의 무공을 영세토록 기억하여야 하리라.

그렇게 휴전이란 이름으로 치열한 아비규환의 전쟁은 종전되었지만, 다시는 이 땅에 전쟁은 일어나지 않아야 평화롭고 행복하게 살아갈 수 있을 것이다. 비극의 전쟁 그 전쟁의 참상을 기억 속에 항상 담아둘 일이다. 그리하여 우리에게 주어진 평화통일을 이루어 이 민족의 빛나는 전통을 이어가며 조상이 물려주신 이 땅에 사계절의 아름다운 금수강산을 멀고 먼 후세들에 영원히 이어가도록 나라사랑에 앞장서 다시는 전쟁이란 파괴의 비극은 이제는 영원히 사라지기를 간절히 신과 역사 앞에 소망하여야 한다.

1950년 6월 25일 그날 아침

고요히 잠든 새벽하늘 포성이 깊은 잠을 깨운다
놀란 가슴 끌어안고 일어선 국군장병들
삼팔선 저 너머에서 포효하는 맹수들의 울음소린가
적의 탱크 밀고 내려오는 굉음소리 빗발치는 포탄
이 땅에 평화를 깨고 이리떼 같이 밀려드는 인민군들
적들과 맞서 싸웠지만 중무장 앞에 밀리고 밀려
육탄으로 저항해도 적 탱크 앞엔 희생뿐이다

끝내 밀려 3일 만에 빼앗긴 수도 서울
수십만 피난인파 있는 재산 다 버리고
한 생명 살려는 처절한 아비규환의 생지옥에서
사랑하는 내 가족 피난길 인파속에 놓친 손
이산의 내 혈육들 잃어버린 애달픈 울부짖음
멀고 먼 남쪽 땅 피눈물을 흘리고 찾아 왔건만
등 붙일 자리하나 없는 노천에서 천막 속에서

반겨줄 이 없는 타향의 여름날 뜨거운 햇볕아래
끝내 찾지 못한 내 혈육들 어디에서 만나리
엄마 찾는 울부짖음 뜬눈으로 새운 밤
모정의 깊은 사랑 슬픈 한을 가슴깊이 남기고
피난살이 설움 속에 희망의 빛이 보인다
낙동강 까지 밀린 국군장병들 유엔군의 참전으로
맥아더장군 인천상륙 성공하여 적의 보급선 끊고

9. 28. 서울 수복 중앙청에 태극기 휘날리고
반격의 깃발 높이 들고 시산혈해를 이루었던 낙동강
붉은 피로 물든 낙동강아 잘 있거라 우리는 진격한다
국난의 위기 앞에 책가방 버린 어린학도병들
도시에서 농촌에서 일터 버리고 군문으로 군문으로
이 한목숨 초개같이 버리고 나라를 지켰다
가신님들의 무훈 영원히 기리며 이 땅에 평화를 지키련다

10. 6월은 호국 보훈의 달

1850년대 이후 외세가 밀려오던 조선조 말엽에 이웃나라 일본으로부터 정치, 군사적인 공략에 고종황제를 뒤로 하고 친일 오적들을 중심으로 한 역적들이 1905년 을사보호조약으로 국권을 일본에 넘겨주고 5년 후 1910년에 한일합방이란, 이름으로 이 나라는 일본에 국권을 강탈당하였다. 나라 없는 민족만 남아 조선의 고유문화와 아름다운 풍속 민족의 삶이 깨어지고 노예생활이 시작되었다. 이 나라의 천연자원을 강취당하고 살아갈 수 없는 처참한 생활이었다. 더는 견딜 수 없어 뜻있는 애국지사들이 국권회복을 위해 고종황제의 밀서를 가지고 헤이그 만국 평화회의에 밀파되어 회의장에 나가 일본의 부당함을 호소하려 했으나 일본의 방해로 뜻을 이루지

못한 분함을 만방에 호소하려 이준 열사는 가슴 아프게도 분사(憤死)하셨다. 또한 안중근 의사는 만주 할빈 역에서 일본의 총독인 이등 방문을 저격하고 순순히 잡혀 여순 감옥에서 순국하셨다.

이렇게 수많은 애국지사들의 독립운동에 희생하신 활약상을 다 열거할 수 없지만, 이후 수많은 애국지사들이 중국의 대륙에서 시베리아에서 미주에서 하와이에서 40여년의 긴 세월 독립투쟁을 벌여왔다. 국내에서는 1919년 3월 1일 민족대표 33인 중 29인이 서울 종로 태화관에서 독립선언서를 낭독하고 우리는 대한민국 독립국임을 만방에 선언하였다. 이로 인하여 전국 방방 곳곳에서 국민들이 무리지어 태극기를 앞세우고 독립만세를 목이 터지도록 부르고 시위를 벌였으나 일본군의 무장 앞에 당할 수 없어 수많은 인명피해만 보고 많은 사람들이 투옥되어 무서운 고문을 당하였다.

조국을 찾겠다는 일념으로 이제는 지하로 들어가 목숨 걸고 항일 투쟁을 벌였다. 국외로는 중국대륙 상해에 김구선생을 주석으로 임시정부를 세워 그 휘하에 이청천 장군의 한국광복군, 조선의용군, 의열단을 비롯한 수많은 무장단체들, 만주에는 신흥 무관학교를 세워 정치 군사교육 훈련을 받고 각 독립운동 단체들에 소속되어 일군과 무장 투쟁을 벌였다. 너무나 유명한 이범석 장군의 청산리 전투, 봉오동 전투에서 서

간도의 깊은 산속에 일본군을 유인하여 통쾌하게 격멸시켰지만 일군들의 무서운 보복은 시작되었다. 일본군은 우리 동포들이 개척하여 농사짓고 모여 사는 한인촌을 습격하여 방화하고 살상하고 약탈하니 수많은 인명피해와 재산을 잃고 살기위해 간도 땅을 버리고 시베리아의 연해주로 가서 먼저 온 동포들과 다시 한인촌을 만들어 농토를 개척하여 살아가는데 이번에는 우리 독립군들이 일본군들의 모략으로 소련군에 무장해제 당하고 소련군의 포로가 되어 시베리아 동토의 포로수용소에 끌려가 많은 대원들이 희생되고 그래도 살아서 돌아온 독립군들의 증언으로 세상에 알려지게 되었다. 이렇게 우리 민족은 해외에서 한 많은 세월을 살아왔다.

국내에서는 일본이 미국을 상대로 2차 세계대전을 일으켜 우리의 젊은 장정들을 징용으로 그들의 전쟁터에 끌고 가서 수십만 명이 희생되고 전쟁물자로 쌀과 쇠붙이를 다 뺏어갔다. 이처럼 조선인에게 무서운 박해를 가하던 그들도 마침내 미국의 원자폭탄 투하로 인해 일본천황은 무조건 항복을 하고 비로소 우리나라는 광복되어 대한민국을 건국하게 되었다. 40여년의 기나긴 세월 독립운동에 투신하신 애국지사들의 실상을 아시는지. 애국지사들은 자식들마저 교육시키지 못해 대부분 가난을 대물림 한다는 기사를 보니 울분이 터진다.

특히 친일을 앞세웠던 이들은 나라를 팔아 일본으로부터

받은 은사금으로 후대까지 수치를 모르고 잘 살아갔으니, 정의는 어디로 갔는지 못내 한심스러울 뿐이다. 이렇게 기나긴 세월 나라를 찾겠다는 일념으로 나의 가정 돌보지 못한 일생 그 크신 희생을 인식하고 보은의 은혜를 결코 잊지 말아야 할 것이다.

이렇게 광복으로 강탈당한 국권을 회복했지만 강대국의 냉전 속에 또다시 남북이 갈리어 나라는 두 동강이 나고 5년 뒤에 북한군의 남침으로 무서운 한국전쟁이 발발되었다. 3년이란 긴 세월 밀고 밀리는 전쟁 속에 이 땅은 온통 초토화가 되었다. 그나마 빈약했던 산업시설마저 다 파괴되고 도시는 무너지고 농토는 황폐화가 되니 글자 그대로 민생은 도탄에 빠졌다. 천만 명이란 이산가족이 발생하였다. 이제 그 참담한 전쟁이 끝난 지도 60년이 지났건만 부모형제 만나지 못하고 먼저 가신 어른들은 얼마나 가슴속에 핏줄의 그리움을 안고 살다 가셨을까. 전쟁의 무서움을 체험하지 못한 세대들은 전쟁의 비참함을 잘 모르리라. 여름의 폭풍우 속에서도 총알이 빗발치고 포화가 작열하는 산하에서 혹독한 겨울 추위에 백설이 뒤덮인 산야에서 밀고 밀리며 백병전이란 총칼로 찌르고 찔리는 아수라장 생지옥이다. 동족끼리 싸우다 전사하여 불귀의 객이 되어 전투지역의 어느 산하에 묻혀 있는지, 전사통지서를 받은 부모님들은 땅을 치고 통곡 하는 것을 나는 보았다. 이제야 가신님들의 유해를 찾는다고 하지 않는가. 이제 그 부모님들은 나라에 바친 자식의 영혼을 안고 노령으로 이 세상을 대부분 떠나셨다.

전쟁은 끝나고 폐허가 된 나라에서 국민들의 삶은 말이 아니었다. 미국의 원조물자로 겨우겨우 서민들은 살아갔다. 당시 전상군인들의 살아가는 고통은 무슨 말로 위로할까. 그분들이 잃은 한쪽의 육신으로 나라를 찾았다. 국가를 위해 바치신 애국지사, 한국전쟁으로 전사하신 호국영령, 전상군인, 참전용사들, 그리고 월남전에서 싸우신 참전병사들, 이제는 노령으로 평화로운 이 땅에서 편안한 여생을 보낼 수 있도록 이 땅의 젊은 후세대들은 시대적 소임으로 의식하고 그분들을 따뜻한 가슴으로 보살펴드려야 한다. 6월을 호국보훈의 달로 국가에서 지정하여 애국선열들이 바치신 공을 보훈으로 보답하기는 하지만 충분한 보훈이 되지 않고 있기 때문이다. 모쪼록 자손만대로 살아갈 이 땅에 다시는 전쟁이란 비극은 없어야 한다. 우리는 나라 없는 설움을 겪어보았고 전쟁의 비참함을 두 번이나 당하고 살아 왔으니 태극기 앞에 맹서하고 한마음으로 단합하여 부강한 조국건설에 내가 먼저 앞장서야 할 것이다. 호국보훈의 달을 맞이하여 나라위해 먼저 가신 선열들 앞에 머리 숙여 마음 깊이 공경을 표하여야 한다.

11. 통한의 이별

인류는 만물의 영장이라 하지 않은가. 사고가 바로 서고 이끌어 줄 수 있는 능력을 가진 동물로 세계의 으뜸으로 살아간다. 가족단위로 국가사회가 형성 되어 살아간다. 조상으로부터 혈통을 이어 가족사회가 이루어져 효와 사랑으로 가족의 정은 그 어떤 힘으로도 막을 수 없는 인륜의 사회도덕 속에 꽃 피어온 핏줄의 고귀한 사랑, 인간만이 공유하는 아름다운 정서다. 한 가정의 부모로써 자녀들의 앞날을 위해 그 어떤 어려운 희생도 감수하고 교육을 시켜 참된 사람의 길을 열어주어 건강하게 성장하도록 있는 정성을 다 바친다. 자식 또한 성인으로 자라 나를 곱게 길러주신 부모님의 은혜에 효성을 다해 편안히 모시니 이것이 끊을 수 없는 가족의 사랑이다. 한 지붕 아래 함께 먹고 자는 생활 속에 사별의 불행이 있어도 만날 수 없는 정이 그리워 애 끓는 슬픔은 부모형제가 눈물로 그리워한다.

기나긴 역사 속에 인류는 집단화 되어 국가를 형성하여 영도자는 영역의 확장을 위해 이웃 나라를 침범한다. 침략을 당해 입은 피해 가정, 가정 세대가 무너지고 인간의 슬픈 역사가 이 땅에서도 수없이 일어났다. 옛 사람들이라 해서 전쟁의 피해로 이별의 슬픈 한이 어찌 없었겠는가? 길고 긴 망각의 세월이 흘렀기에 느끼지 못했을 뿐 당시를 살았던 민족의 슬픈 한은 지금이나 똑같았다고 본다. 저 멀리 임진왜란 때 왜군들의 침략으로 조선 땅은 7년이란 긴 세월 왜적의 총칼아래 그 얼마나 많은 사람들이 희생되고 잡혀가고 살아남은 사람들의 이별의 통한을 어찌 다 말하랴. 임란 종전 10년 뒤에 동래부사로 부임한 이안눌 부사의 시에 당시의 처참함이 여실히 알려져 있다. 10명에 한, 두 사람이 시체 속에서 살아나고 제삿날이면 온 고을이 곡소리로 진동한다. 그래도 살아남은 사람들이 있었기에 곡이라도 하지만, 전 가족 일가친척이 다 죽은 집은 곡할 사람조차 없다고 하니 얼마나 무서운 살상을 당하고 수많은 가정이 파괴 되었나. 역사를 되돌아보고 그 슬픈 피해를 반면교사로 삼고 문명 세계에서는 이런 전쟁으로 가정이 파괴되는 피해는 일어나지 않아야 한다.

또한 근세기 일본이 우리 조국을 강점하고 약탈해가니 피끓는 애국지사들은 가족들과 기약 없는 이별하고 중국대륙 만주 땅에서 40여년 기나긴 세월을 일본군을 상대로 독립투쟁을 하지 않았는가? 그분들의 애국심은 일신의 안위와 가정은 뒤로 하고 오직 조국의 독립을 위해 일본군들과의 무장투쟁으로 싸운 슬픈 역사가 남아 있다. 간도의 대승에서 뒤이은 일본군의 보복으로 연해주로 물러갔다가 일군의 모략으로 소련군에 포로가 되어 무장해제 당하고 동토의 시베리아 포로수용소에 수용되어 수많은 독립군들이 희생되었다. 살아남아 돌아온 독립군들의 소식으로 그나마 세상에 알려졌다. 고국에 살고 있는 부모형제들은 얼마나 많은 눈물 흘렸을까? 40년을 이은 일본의 강압통치로 우리 민족은 못 살지만 한 울타리 안에서 한 가정을 이루어 민족의 전통예절 지키며 단란하게 살아가는데 끝없는 일본의 욕심은 세계 제패에 연연하였고, 마침내 2차 세계대전을 일으켜 양같이 순하게 살아가는 조선의 청장년들을 징용과 징병으로 동원하였고, 장년들은 탄광, 군수공장, 전쟁터의 진지구축에 강제노역으로 청년들은 그들의 총알받이로 앞세워 남태평양 수많은 섬의 전쟁터에서 동남아의 중국대륙 오지에서 얼마나 많은 청년들이 죽어갔는가? 어머니를 목 놓아 부르며 마지막 눈을 감고 숨을 거두었을 그분들의 가족들은 영원한 이별의 슬픈 한이 마음에 깊은 상처로 정녕 남아 있으리라. 이제는 노령에 이르렀을 그분들은 그 얼마나 생존해 계실까? 민족이 겪는 슬픈 한이다. 조국이 힘이 없었기에 타국에 의해 이런 이별의 슬픔을 당하고만 살아야 했던 역사이기에 우리의 후손들에게 이 같은 불행을 결단코 안겨주지 말아야 할 것이다.

일본의 항복으로 2차 세계대전은 끝나고 조국은 광복되었다. 이제부터 일본의 통치를 벗어나 진정한 정치, 경제, 문화적으로 진정 자유로운 독립국을 세워야 한다. 그러나 전후 미소의 냉전으로 세계는 자유와 공산진영으로 양분되어 남한인 우리는 자유·민주 대한민국을 건국하였으나, 북쪽은 공산주의 인민공화국을 세워 통일국가는 세우지 못하고 자유와 공사주의 사상의 갈등 속에 1950년 6월 25일에 북쪽의 중무장한 인민군들이 삼팔선을 넘어 무자비하게 남침을 감행하였다. 다급하고 놀란 국민들과 국군들이 맞서 싸웠지만 중무장 앞에 밀려 3일 만에 수도 서울은 무참하게 적의 발에 짓밟혔다. 수십, 수백만 피난민들은 지옥 같은 피난길에 올라 남행열차에 몸을 실었고, 대다수 이들은 삼삼오오 걸어서 비바람도 배고픔도 그 무서운 고통 참아가며 남으로 무작정 피난길을 재촉하였다.

처절한 아수라장의 생지옥을 밀고 밀리다가 천여만의 이산가족이 또 그렇게 생겼다. 수많은 고아가 발생하고 어린 자식찾아 울부짖는 부모들의 흘린 눈물은 한강수보다 많다지 않은가. 단란하게 살아야할 인간 세상에 이 무슨 저주인가. 헤어진 가족들, 보고 싶은 그 얼굴, 이 세상에 살아생전 만나고 싶지만 전쟁터의 포화에 불귀의 객이 된 영혼들은 영원한 이별로 피눈물을 토하고 살아온 민족사의 비극이었다. 삼천리 금수강산에 다시는 이런 역사가 쓰이지 않기를 국민들은 갈망한다.

멀고 먼 인생길

12. 나의 고향 운봉

선대로부터 자리 잡고 살아온 고향 마을. 형성부터 좋은 터를 잡아 서북쪽의 높은 산을 배경으로 하여 남향으로 많은 햇볕을 받으며 밝고 따뜻한 곳에 취락을 이루어 자자손손 살아온 고향마을. 수백 년을 내려오며 선대들이 이루어놓고 살아온 흔적들을 살펴보면 애초에는 어떻게 정착했는지 잘 알 수 없지만, 어디서 사시다가 단신 아니면 형제들이 좋은 농토를 찾아오지 않았을까? 또한 여러 성씨들이 모여 마을을 이루어 살아갔으리라. 산간 농토를 개척했던 논밭들의 형태를 보면 원시적인 농기구로 수십 년 수백 년 땅을 파고 돌을 주어 내어 살기 위해 너무나 많은 노동일을 했으리라. 짐작하고도 남는다.

취락의 구조도 옹기종기 돌담으로 경계를 이루어 집을 짓고 살아왔구나. 아직도 남아있는 토담집은 현대인들이 흉을 볼지 모르지만 너무나 원시적으로 지은 집이다. 돌과 흙으로 벽채를 쌓아올려 창문을 달고 지붕은 서까래를 걸고 흙을 두껍게 올려 깔아 짚으로 이영을 엮어 덮은 초가집이다. 외관으로 볼품이야 어찌 집이라 할까. 그러나 집안에 들어가서 보면 당시로서는 내부구조가 지혜롭게 잘 지었다고 할 수 있다. 방은 온돌로 구들을 놓아 겨울에는 아궁이에서 나무로 불을 때면 방바닥은 돌이 열을 받아 하루 이틀 정도는 따뜻한 방에서 생활할 수 있다. 또한 벽이 워낙 두꺼우니 보온이 잘 되어 겨울에는 참으로 따뜻한 방이다. 여름이면 사방의 창문으로 들어오는 바람에 두꺼운 벽이 태양열을 차단하니 더운 줄도 모르고 옛 사람들의 지혜로는 참으로 냉난방이 잘된 집이다. 나의 유년 시절 선대들이 사셨던 이런 집들이 남아 있다.

어느 마을 할 것 없이 마을 공동우물이 있었다. 이 우물터는 아침저녁으로 부녀자들이 동이에 물을 퍼 담아 머리에 이고 가서 밥을 짓고 식수로 사용하는데 이 우물터가 부녀자들의 모임의 장소다. 시냇가엔 빨래터가 있고 냇가가 먼 곳은 우물가 아래쪽에 빨래터가 있다. 여기에 부녀자들이 모이면 가정마다의 어려움이나 즐거움 등 온갖 소식들을 교환하고 쌓인 응어리(스트레스)들을 풀고 수다로 법석이는 장소다. 어떤 어려움을 가슴에 안고 살면 화병이 생길 수 있으니 빨래터에서 방망이질로 화를 푼다고도 한다. 그러고 나면 얼굴에 화색이 돌아 지금말로 스트레스가 풀리어 웃음이 살아나는 건강한 생활이 이루어졌겠지. 골목길의 돌담길 어느 것 하나 선대들의 땀의 흔적이 남아있지 않은 것 없으니, 어찌 아름다운 고향 풍경이 그립지 않으리. 선대들이 밟고 지나간 돌계단 굽어진 골목길 이 길을 따라 삶이 이어졌으리라.

농촌의 주 생업이 벼농사다. 세대별로 자작 또는 소작 경영을 하지만 대농가에서는 일할 인부(머슴)를 두고 일 년 새경(년봉)을 정해 큰 머슴은 대개 벼8섬에서 10섬 정도로 정해 일 년간 일하는 것이 상례로 되어 있다. 농번기에는 대개 공동으로 모심기와 논매기를 한다. 추수 등을 끝내고 나면 초가집 지붕 덮는 것으로 이영을 엮어 몇 사람들이 모여서 지붕을 잇고(덮고) 나면 멋진 초가집이 된다. 이로서 일 년간의 농사일이 끝난다. 겨울의 농한기에는 산에 가서 나무하여 땔감으로 밥 짓고 온돌 난방을 한다. 소가 있는 집은 쇠죽을 끓이기 위해 큰솥에 물을 부어 불을 때면 자연히 온돌방이 난방이 된다. 지금이야 목장으로 수십 수백 마리씩을 사육하지만 그 옛날 농가에서는 한두 마리를 길러 농번기 때 논밭 갈이 일소로 부린다. 영세 농가에서는 남의 암송아지를 키워주고 그 소가 커서 송아지를 낳으면 큰 소는 주인에 돌려주고 송아지를 소 키운 대가로 얻어 2년 정도 키워야 일소가 된다. 그때는 소가 상머슴 일을 했다.

지금도 음력설을 민속절 이라 하여 도시에 나가 살던 형제 자녀들은 천리 길도 멀다 않고 고향 찾아 와서 부모, 형제를 함께 만나 설날아침 조상님께 제사 올리고 세배를 하고 어린 이들에게 세뱃돈을 주면서 덕담을 나누고 선조의 산소를 찾아 성묘하는 것이 얼마나 아름다운 우리 민족의 정서가 아닌가. 또한 오랜만에 만난 가족들과 부모님들은 손자손녀들의 재롱에 한없이 기뻐하시며 함께하지 못했던 지난날의 아쉬웠던 정을 주고받으며 가족 사랑의 행복에 빠져든다. 우리 민족의 정서는 어느 누구도 막을 수 없다.

일제강점기 때도 그렇게도 강압으로 설을 못 세게 했지만 우리 민족은 이를 지켜왔다. 이 아름다운 민속은 영원히 계승될 것이다. 조상의 뼈가 묻혀 있는 나의 고향은 산촌이다. 기슬 역사를 거슬러 올라가면 나뿐만 아니라, 대다수 우리 조상들의 고향은 시골농촌이기에, 어떤 면에서 우리 민족의 고향이 시골이지요. 그런 연유로 아름다운 이 강산, 반만년을 이어온 정이 많은 이 민족의 정서가 실로 향기로운 것이리라.

성묘

그 언제부터 고향의 산하에 터를 잡고
양지바른 산기슭에 초가삼간 보금자리 지어
황야를 개척하여 논밭을 일군 기나긴 세월
선대들이 흘린 피땀 이제야 알겠습니다
역사의 물결 속에 힘겹게 사셨던 조상들의 흔적

그 모습 상상하며 그림같이 그려 봅니다
농사밖에 몰랐던 선대들이 핏줄을 남기시고
한세상 사시다 떠나시며 남기고 가신 고향땅
고향 떠나 먼 타향에서 새 삶의 자리 이루어
오늘을 살아가는 후손들은 고향이라 찾아옵니다

올해도 황금들엔 풍년을 약속해주네
추석이라 한가위 형제 자녀들 고향집을 찾아
먼저 가신 조상님께 햇곡식으로 차례모시고
후손들 함께 모여 편히 잠든 선영을 찾아가서
선대들이 사셨던 그 시절을 아련히 그려보며

산소 앞에 정성 들여 술 한 잔 올리고
엎드려 배례하며 올해도 풍년이라고
경건하게 절하며 선대들의 은혜 감사합니다
대대로 이어가는 한 핏줄의 후손들은
조상님의 음덕으로 행복하게 잘 살아 갑니다

13. 4계절의 풍경

예로부터 시골마을은 한 집안이 모여 사는 집성촌이 많았다. 그 시절은 농사가 주업이라 모심기 때와 추수기에는 많은 사람들이 공동으로 일을 해야 제때에 모심기도 힘을 덜 들이고 일할 수 있었다. 생업 환경이 이렇고 보니 대대로 일가들이 한 마을을 이루고 살아왔다. 내가 살았던 고향마을도 30여 세대가 가까운 집안 형제들로 300여년의 긴 세월을 한 마을에서 살았다.

우리 마을 뒷산 개좌산에는 일제강점기시대 일본군들이 우리 장정들을 징발하여 그들의 전쟁물자로 사용하려고 울창한 송림을 다 벌채하여 민둥산이 되었다. 소나무 그늘에 억눌려 제대로 자라지 못했던 키가 작은 잡목들과 진달래꽃들은 이제 그 세력이 바뀌어 햇볕 받아 동화작용으로 땅속의 영양분 빨아올려 튼튼하게 자라 초봄의 화신을 제일 먼저 불러와 온 산천은 진달래꽃이 만발하여 연분홍색으로 물들여 장관을 이루니 자연의 아름답고 신비로운 별천지가 된다.

봄이 오면 농사 준비하고 온 산천은 지난겨울 말라붙었던 대지에 온갖 야생초들이 꽃피고 새싹들이 고개를 내미니 산하는 푸르러간다. 아름다운 푸른 산천, 따뜻한 아지랑이 피어나는 산으로 들로 나물 캐러간다. 어린 시절, 어머니 따라 산에 가서 나물을 캐어 신선한 봄나물로 밥상에 올리니 향긋한 봄나물에 식욕은 더욱 왕성해진다. 5, 6월이면 도라지 캐러 산으로 가면 우거진 나무와 풀밭에 보라색 꽃을 피워 그 꽃을 보고 쉽게 찾아가서 뿌리가 상하지 않게 잘 캐어 내고 또한 고사리와 산나물을 뜯어 삶아 말리어 보관했다가 조상의 제사상에 나물로 올리니 돌아가신 조상으로부터 이어 받은 숭조의 예의 풍속 효행의 정신을 깊이 심어주고 자라나는 자녀들에 무언의 가르침으로 사람도리를 다하도록 따르게 한다. 흰색 취나물은 떡을 만들 때 함께 넣어 만들면 색상도 연초록으로 군침이 절로 나온다. 어머니의 정성으로 만들어준 떡을 가족들이 모여 앉아 오순도순 사랑의 정을 나누며 떡을 먹으면 그 맛은 어디에 비할까? 먹는 맛의 즐거움에 얼굴에는 웃음꽃이 피어난다.

지난해 가을에 심었던 보리는 음력설을 지나 봄이 오면 독새풀과 함께 자라 질기게도 자라나는 독새풀을 멘다고 찬바람이 불어와도 피하지 못하고 시린 손을 불어가며 얼마나 힘들게 일했는가를. 자라나는 보리밭의 푸르른 향기 속에 저 보리 익기를 기다리는 절양 농가들. 보릿고개란 이름을 남기고 황금빛 들판의 다 익은 보리 낫으로 베어 도리깨로 보리타작(탈곡)을 한다. 사람의 힘으로 보리를 두들겨 터니 그 얼마나 힘든 일이었나. 보리밥이라도 배불리 먹고 힘을 얻어 이제부터 모심기를 한다. 못자리에 자란 모를 쪄서 심을 논에 골고루 모춤을 던져놓고 모를 심는다. 못줄을 대어 한 포기 한 포기 손으로 심어 2주 정도면 새 뿌리 내려 짙은 녹색 벌판으로 물들여 자라나니 보기도 좋아라. 이렇게 농부들은 여름한철 김매기로 벼를 가꾼다. 한편 어머니들은 밭에 나가 콩 심고 열무 심어 뜨거운 햇볕아래 숨 막히는 지열에 비 오듯 쏟아지는 땀을 흘리며 콩밭매고 열무를 키워 여름의 식탁 보리밥에 열무김치, 풋고추로만 먹어도 그 맛은 천하 일미란다. 땀 흘려 지은 농사의 풍년을 기다리며 내년의 농사준비로 온 마을 남자들은 초배기에 점심밥 사가지고 산으로 올라가 풀(草)을 벤다. 말린 풀을 지게에 지고 험한 산길을 힘들게 저다 모아 퇴비 만들어 저장한다.

여름은 지나고, 온 들판에 벼 이삭 피어 가을바람에 일렁이는 황금 들판은 풍년을 약속해준다. 기다리는 추석명절 햇곡식으로 먼저가신 조상님께 차례를 올린다. 올해도 풍년이라고 조상의 산소를 찾아 햇곡식으로 제물을 올려 연연히 풍년이 오기를 빌었으리라. 곡식은 익으면 고개를 숙인다는데 교양없는 콧대 높은 인간들에게 자연의 섭리로 바른 사람 되기를 가르쳐 준다. 벼는 알알이 다 익으면 거두어 들여 타작을 하여야 한다. 기계가 없던 시절이라 낫으로 몇 포기씩 함께 잡고 힘들게 베어 깔아서 다 마르면 볏단 묶어 한곳에 모아 탈곡을 한다. 다행히 그때도 농사를 많이 짓는 집에는 무동력 탈곡기가 있어 발로 밟아 회전시켜 탈곡을 한다. 온 들판 곳곳에 탈곡기 돌아가는 기계소리가 풍년가로 대신한다. 일부 영세 농가에서는 쇠 홀케를 세워두고 볏단 풀어 한 움큼씩 잡고 빗살 같은 곳에 걸쳐 넣어 힘으로 당겨 훑어내니 그 얼마나 힘들었을까. 일제강점기시대는 부자들의 논을 빌려 소작을 하니 타작하는 날, 주인이 와서 타작 끝나면 수확의 반을 주인이 가져가니 풍년의 기쁨도 한순간. 일 년을 두고 땀 흘린 대가가 수확량의 절반밖에 안되니 지주의 위세에 말 한마디 못하고 가난의 고통 벗으려고 있는 힘을 다 쏟아 농사를 지었다하여도 실상은 허무하기만 하였다.

이처럼 먹고 살기 위해 죽을힘을 다해 피땀 흘려 일했건만 남은 것마저도 일제는 공출로 5~60% 정도는 다 가져갔으니 농민들의 생존은 얼마나 힘들고 하소연 할 곳 없는 불쌍한 망국의 설움에 피눈물을 흘리고 살아왔다. 그래도 생존의 끈을 놓지 않고 끈질기게 그 어떤 고난에도 살아야하니 벼 수확이 끝난 가을 논에 보리를 간다(씨를 뿌린다). 마른논에 이랑타고 보리씨 뿌려 퇴비를 넣고 흙으로 덮어 두면 이제는 한해 농사일은 끝난다. 그리고는 볏짚으로 이영 엮어 초가지붕 이고(덮고)나면 그제야 일꾼들은 쉴 날이 온다.

이제부터 마을 사람들 산밤 따고 도토리 따러 산으로 간다.

이산 저산에 널려있는 뫼 밤(산밤) 알밤은 줍고 밤송이는 털어 큰 마대 자루 한 자루씩 따서 이고 지고 집에 와서 알밤 가려내고 그대로 두면 모두가 숙성되어 밤송이가 입을 벌리면 한발로 밤송이 밟고 벌어진 밤송이 속의 알밤을 까내어 얼지 않는 부엌 안 한쪽 땅을 파고 묻어둔다. 그 시절에는 지금같이 과자나 빵 같은 먹을 것이 없으니 간식거리로는 일등품이다. 화로 불에 밤을 구워 먹는 일은 항시 그렇게도 맛있고 재미가 있었다.

일제강점기는 산에서 따온 도토리로 맛이란 생각할 수 없는 시절이었다. 농사지은 벼는 공출로 다가져 가고 먹을 것이 없으니 가을이면 산에 가서 도토리 따는 것이 일과였다. 어른들은 도토리를 따서 말려 절구통에 넣어 찧어서 껍질을 벗겨내고 도토리 알만 물에 담가 우려서(독성이 있었는가?) 이것을 맷돌에 갈아 도토리묵을 만들어 그렇게도 떫고 맛이 없는지 배고프니 안 먹을 수 없어 약간의 쌀과 쑥을 섞어 지은 밥과 함께 간장에 찍어 반찬 삼아 배를 채웠으니 이렇게 고달픈 세월을 보낸 것이 어느덧 60, 70년 전이었다.

오늘을 살아가는 젊은 세대들이여. 그대들의 부모님들은 못 먹고 헐 입고 힘들게 살아왔다. 조금의 양보나 나누는 기쁨으로 복지의 낙원을 만들어다오. 나이가 들어가니 어린 시절 나뿐만 아닌 우리 국민 모두가 나라 없는 설움에 노예 보다 못한 인생살이여서 오늘의 젊은 세대들 인권이다, 인격이다, 무슨 배부른 소리같이 들린다. 그대들의 할아버지, 할머니, 아버지, 어머님들이 어떻게 생명줄을 이어 이 나라를 지켜 왔는가를 두 눈을 감고 상상을 한번이라도 해 보아라. 평화로운 이 나라를 지켜만 달라. 험한 세상 살아온 길을 이렇게 글로서라도 남기고 싶다.

가을의 시골 정취는 추수가 끝나면 이제 남은 일로 집집마다 감나무는 다 있었으니 익은 감들이 황금빛으로 온 마을이 뒤덮여 있었다. 그 정경이 아름다운 농촌의 진풍경이다. 긴 대나무 장대로 높은 나무는 중간쯤 까지 나무에 올라가서 한 송이 한 송이씩 따서 곶감도 만들고 독안에 넣어두면 홍시가 되어 겨울 농한기 따뜻한 방에 가족들, 이웃 친구들이 모여앉아 곶감이나 홍시 먹으면 천하 어느 진미 보다 맛이 있다네. 들판은 추수하고 나니 삭막한 바람만 불어온다. 이제 늦은 가을 산에는 잡목들이 만산홍엽으로 단풍들어 절경을 이루고 들국화(구절초)가 만발하여 그 고운 화려한 색상에 흰색, 분홍색, 노란색 등 봄의 진달래꽃도 아름답지만 가을에 피는 들국화의 꽃물결은 보는 이들의 눈을 황홀하게 한다. 가을바람에 풍겨오는 그 짙은 들국화 향기에 매료되어 한 아름씩 꺾어 안아 끝없이 국향에 취해본다. 아마도 지금은 산의 녹화가 잘되었으니 이런 들국화의 만발한 향취는 만나기 어려우리라

본다.

가을을 지나 겨울이 오면 농한기라 지금 같이 온실에서 4계절 농사를 지을 줄도 모르고 유리나 비닐 같은 자재 자체가 없었다. 이렇고 보니 산에 가서 땔나무 하는 것이 겨울철의 일이었다. 어느 날은 자고 나면 밤 세도록 눈이 내려 온 세상천지가 눈에 덮여 백설 천지에 집집마다 굴뚝에는 밥 짓는 하얀 연기가 피어오르니 그림 같은 아름다운 눈 내린 날의 풍경이라네. 겨울은 깊어 동지가 지나고 음력설이 오면 일제 때는 음력설을 못 세게 했다. 우리 민족의 효사상은 막을 수 없었다. 찬물을 떠놓고서라도 조상님의 제사는 모셨다. 얼마나 예의를 숭상한 민족이었나. 광복 후로는 음력설을 모시고 마을 어른들에게 세배를 하고 조상의 산소를 찾아 성묘도 하고 새해에는 건강하고 소망하는 일 이루라는 덕담을 듣고 올해의 농사 풍년이 오기를 기원한다.

고향의 정이 그리워

진달래꽃 붉게 피는 화창한 봄날
여름이면 푸른 들판 맑은 시냇물
푸른 물결 넘실넘실 벼 이삭 피어
가을이면 황금벌판 파도치는데
눈 내리는 겨울산천 은빛 천지에

뛰어놀던 어린 시절 그리운 내 고향
풍년노래 부르면서 즐거워하던

우리 님네 농부들은 기쁨의 춤을
너와 내가 두 손 잡고 함께 춤추자
우리 함께 불러보자 고향의 노래를
그리워라 어린 시절 우리의 고향
영원토록 잊지 말자 내 고향 운봉
우리 함께 언제 만나 옛 추억 그리며
아름다운 고향인정 더욱 빛나리

그리워라 그리워라 그 옛날 운봉
언제 다시 고향 찾아 함께 살려나
이 세상에 한번 찾아 왔다 가면은
영원토록 못 온다네 우리네 인생
우리 함께 오래오래 행복하게 살자
후회 없이 한 세상을 잘 살았다고
아름다운 발자취를 남기고 가자

14. 우리 마을 정자나무 쉼터

부산시 해운대구 반송2동 운봉마을. 언제부터 우리 마을이 형성되어 사람들이 살았는지 그 뿌리는 알 수 없구나. 우리 집안의 입향 조가 정착한지 8, 9대에 이어지니 300여년은 된 것 같다. 이름만 전해오는 견남산 고개 아래 불탄 터란 옛날의 집터를 말하는 것 같다. 우리 선대가 들어오기 전 몇 세대인지 알 수 없는 집들이 모여 살다 아마도 화재로 마을이 소실되고 어디론가 떠나갔으리라. 절터 산 폐사지가 고려시대의 사찰이었으니 절 아래 마을로 지역 환경으로 보아 오랜 옛날부터 사람들이 살았으리라. 후손 없는 고분들이 있으니 짐작만 해본다. 아무런 근거 사료가 없으니 궁금할 뿐이다. 산 좋고 물 맑은 깊은 골 평지가 아닌 사방이 막힌 산골 분지의 다락 논들, 그 논들을 개척하는 데도 수십 년 세월 속에 논밭을 일구어 농사로 생계를 이으며 자손들을 분가시켜 세대가 늘어나 100여 년 전에 30여 세대의 김씨네가 집성촌을 이루고 살아왔다.

나라를 일제에 강점당한 이후 동래에서 기장으로 가는 신작로가 개통되고 이웃 고촌마을 사등 골에 광산이 개발되어 채굴한 광석을 이 신작로로 운반 했다. 운봉다리의 표석에 소화 육 년이란 준공 날짜가 기억에 살아난다. 그래보아야 80년 정도 밖에 안 되었다. 그 이전에는 오솔길로 걸어서 동래로 기장으로 지게에 짐을 지고 머리에 이고 시장 보러 다녔으니 선대 어른들 살아오신 길이 너무나 힘든 길이었구나. 동래 기장간 신작로 개통 이후 우리 마을에도 도로를 만들어 구루마(우차)가 짐을 싣고 다녔으니 1930년대 이후 그때로서는 개벽의 세상이 찾아온 것 같았으리라. 마을 아래쪽 논에서 지은 농사를 가을이면 추수하여 무거운 짐을 지게에 지고 머리에 이고 힘들게 오르막길을 걸어 집으로 지고 오려니 무척이나 힘겨웠음은 새삼 논할 필요가 없다.

마을이 보이는 입구에 쉼터가 있다. 이 쉼터에는 100년도 훨씬 넘은 포구나무가 있다. 봄, 여름, 가을 농사철이면 무거운 짐을 지고 오다 이 포구나무 정자 아래 지게 짐을 내려놓고 흘린 땀 식혀가며 시원한 나무그늘아래 앉아 살아가는 애환을 나누었으리라. 나의 어린 시절도 여름이면 풀 베어 지게에 지고 가을이면 논에서 거둔 나락 짐(벼)을 무겁게 지고 와서 여기에서 쉬었다. 우리 마을 사람들은 밖에 나가 돌아올 때는 이 정자나무 그늘 아래에서 쉬면서 서로 간에 살아가는 정담으로 이웃의 정, 형제애는 깊어만 갔으리라. 또한 1.5㎞ 정도의 외진 길이라 밤이면 혼자 걷기 무서워 진땀 흘리고 여기까지 오면 마을의 불빛에 마음이 놓인다고 한다. 어린 시절 별 놀이가 없으니 마을 어린이들은 이 포구나무에 다람쥐 같이 오르내리며 놀고 포구 열매 따서 포구총 만들어 총놀이하고 놀았다. 지금과는 너무나 다른 세상에서 유년 시절을 보냈을 뿐이다.

일제말기에 마을마다 회관을 지어 내선(內鮮)일체의 內는 일본 鮮은 조선 동일국가라는 것을 강제로 교육시켜 일본어와 궁성예배 환국 신민 서사를 외우도록 가르치는 것을 이제야 알고 보니 조선과 일본이 같은 조상을 동일시한 국가라는 것을 강제로 세뇌시킨 것이다. 해방이 되어 회관에 심은 은행나무를 이 정자로 옮겨 심었는데 지금은 큰 거목이 되어 여름철이면 푸른 잎으로 그늘을 선물하고 가을이면 단풍이 들어 그 고운 색깔 나날이 짙어져 간다. 끝내는 황금색으로 물들어 떨어지면 나무 밑 근처에 황금 비단 자리를 깔아준다. 수령 100여 년생, 우리 마을의 수호 목으로 마을을 지켜준다.

비로소 세월이 강물처럼 흘러 이 깊은 오지마을이 이제는 문명의 혜택으로 잘 포장된 도로, 집집마다 간의 상수도 전기, 전화, TV, 컴퓨터 등 모든 혜택을 다 받고 사방에 우거진 아름다운 숲속에 정원 같은 마을로 어디를 보아도 다른 마을, 불빛 하나 안 보이는 분지 속의 마을을 모두가 부러워한다.

14. 나의 군대생활 3년

일제 36년간의 길고 긴 착취와 억압에서 2차 대전의 패망으로 전쟁은 끝나고 조국은 광복되었다. 환희에 찬 국민들은 이제야 자유로이 잘 살게 되겠다고 온 나라가 광복의 기쁨 속에 만세 소리가 천지를 뒤흔들고 환호하던 것도 잠시 남북이 세계대전의 전승강대국 미소는 냉전의 이데올로기로 공산주의와 민주주의로 갈리어 북한은 소련을 따라 공산주의 국가를 세우고 남한은 유엔 감시 하에 국민들의 자유 투표 선거로 제헌의원을 선출하여 자유 민주주의 국가를 건국하고 착착 국가의 기반을 닦아 가는데 공산 분자들의 남한 땅 각 지역에서 파괴와 살상 등 엄청난 테러 활동이 계속되었다. 광복된 지 불과 5년 만에 북한의 인민군들이 1950년 6월 25일 새벽 4시에 38선 전역에서 탱크를 앞세워 남침해오니 3일 만에 서울이 점령당하고 국군들의 부족하고 빈약한 경무기로는 도저히 중무장한 북한군을 물리칠 수 없어 낙동강까지 밀렸다. 병력과 무기를 재정비하고 미군과 유엔군의 참전으로 압록강까지 밀어 올렸으나 중공군의 대 인해 전술에 밀려 현 전선에서 3년간의 밀고 밀리는 전쟁이 끝나고 정전이 되었다. 고참인 장병들은 6.25 전쟁에서 수많은 희생으로 나라를 지켰다.

징집 연령이 되면 누구나 군대에 입대하여 병력의무를 마쳐야 된다. 징병제도가 실시됨에 따라 1956년 4월 3일 나에게도 징집영장이 나와 논산 훈련소에 입소하여 전반기 군사 기초훈련을 받고 밀양에 주둔하고 있는 제7육군정양병원으로 배속되어 열차로 밀양역에 내렸다. 병원 본부가 있는 밀양초등학교로 가서 부관부에 전입신고 하고 신참인 인솔병은 돌아가고, 2, 3일간 쉬게 하여 훈련기간의 피로를 말끔히 씻고 훈련소에서 입고 간 훈련복이 너무나 남루해 군복이라 그렇지 일반인이었더라면 거지로 보았을 것이다. 신품은 아니지만 깨끗이 세탁한 작업복과 훈련화를 보급 받아 군복을 갈아입고 나니 이제 나도 군인이 된 것 같다.

3일 후 위병소로 보직을 받아 위병근무를 했다. 부대 배속 후 처음으로 외출을 가게 되었다. 첫 외출이라 선임병인 김동훈 일병과 둘이서 병원 뒤편 강 건너 역사 깊은 밀양 영남루가 있다. 이곳으로 가서 영남루와 근처의 사적지 등을 구경하고 그때만 해도 밀양 시내가 조금만한 읍 정도에 지나지 않으니 영남루에서 보면 한눈에 시내가 다 보였다. 밀양에는 유서 깊은 유적지가 많다. 영남루와 단장면의 표충사 무안의 사명대사비 등 남천강의 송림공원과 천연기념물 백송도 있다. 남천강의 맑은 물속에는 수많은 민물고기들이 헤엄치며 용두목의 수영장은 밀양시민들의 휴식공원이다.

이렇게 3개월 정도 위병근무를 하고 나서 밀양 부북면 지동리에 1203 공병대에서 병원을 신축해 놓고 인계하지 않고 철수했기에 신축병원으로 네 사람 파견하여 경비를 하게 하여 중사 한 사람과 사병 세 사람이었다. 그때 예중사는 결혼하여 살림을 했다. 우리 네 사람에게 나오는 쌀과 부식으로 사모님이 밥을 해주어 다섯 사람이 먹다보니 항상 부족하고 배고픔을 느꼈지만 이때는 군인이 아니라 완전히 자유인이다. 마을도 없는 한적한 시골 벌판에 낮에는 한 사람씩 교대로 둑에 서서 사방을 경계만 하면 되고 밤이면 순찰과 불침번 서는 것이 힘들었다. 이렇게 가을까지 지동 신축병원에서 근무했다.

12월 어느 날, 육군군의학교 내과 기술하사관 교육 특명을 받고 마산에 있는 육군군의학교로 가서 입교 수속을 마치고 12주간의 교육에 들어갔다. 교육은 교실에서 군의관님들이 교수로 과목에 따라 하루 8시간씩 의학 기초 교육을 받고 2개월 후 부터는 오전에 교실에서 공부하고 오후에는 36 육군병원에 가서 환자를 상대로 외상 치료법과 응급처치 법, 주사 놓는 방법 등 여러 가지 실습을 하고 학교로 돌아와 저녁식사 후는 매일 같은 방법으로 내무반이 학교교실이라 병으로 바닥이 빛이 나도록 문지르고 청소가 끝나면 내무사열을 받는데 아무리 잘해 놓아도 못했다고 저녁마다 기합을 받으니 밤이 오는 것이 두렵기만 하다. 어느 날 밤은 눈이 하얗게 왔는데 비상을 걸어 자다가 전원 내의만 입고 연병장에 집합하니 군기가 문란하다 하여 한 시간 이상이나 눈밭에 엎드려 뻗치게 하기도 하고 온갖 기합을 다 받고 내무반에 와서 자고 나면 연대 기합으로 엉덩이에 맞은 자리가 아파 앉기도 힘들 때가 여러 번이나 있었다. 이것이 군대다. 기합도 받고 교육도 받고 이렇게 쌓인 것이 전우애다.

혹독한 겨울의 추위를 견디며 3개월의 교육이 끝나 교육기간 8주부터는 매일시험이다. 열심히 교육을 잘 받고 수료했다. 10일간의 휴가를 받아 집에 와서 열흘간 쉬고 부대에 귀대하니 위병소에서 좋은 성적 받았다고 칭찬이 대단하다. 부관이 인사행정과에 근무시키겠다는 소문도 있다는 말을 위병소 선임자들로부터 들었다. 참 기분이 좋았다. 인사행정과에 가서 부관님에게 귀대 신고하고 인사계 선임에게도 신고하니 수고 많았다고 하면서 쉬게 하여 하루를 쉬고 나니 인사행정과로 근무변경 특명이 나서 서무계의 조수로 근무했다. 서무계님이 33세 고령이라 병장으로 어린 동생같이 참 잘 대해주고 업무를 잘 가르쳐 주어 업무파악과 서무행정 능력을 빨리 익히게 되었다.

그렇게 일 년도 못가 서무계 송병장님이 제대하고 부대 서무계란 사병최고의 직책인데 병장 하사들을 제치고 일등병으로 서무계 업무를 수행한다는 것은 위계상 맞지는 않으나, 할 사람이 없다하여 송병장님으로부터 주요업무를 상세하게 인계받아 서무계를 맡아 업무를 보았다. 일 년여 서무업무를 보다가 새로 전속 온 김하사에게 서무계를 인계해 주고 머지않아 제대할 정보계를 맡은 김하사가 인사계 전임의 승인을 받아 자기의 조수로 보직을 주어 정보업무를 맡게 되었다. 이렇게 세월이 흘러 정보계 김하사가 만기제대를 하고 정보업무를 인수받아 제대할 때까지 복무를 하였다.

1958년 5월 여수의 15육군병원과 교대를 하고 7정양병원은 지금의 서울 도봉동으로 이동하여 10병참단 자리에 가니 판자로 지은 큰 창고와 내무반과 사무실 몇 동이 있는데 여기에 주둔하게 되니 이동할 때 부산에서 모든 장비를 신품으로 보급 받아 열차로 이동하여 창동역에 하차하여 이 많은 장비를 부대로 운반하는데 많은 시일이 걸리고 부대 내에서 대형 천막을 치는데도 참으로 많은 일을 했다. 각과를 배치하고 장비들을 제자리에 배치 정돈하는 데도 많은 시일이 걸렸다. 이렇게 여름을 지나고 환자 없는 병원에서 일 년을 보냈다. 그동안 서울시내와 부대인근 도봉산, 수락산, 우의동, 계곡 등 의정부와 많은 곳을 구경하고 그해 겨울 남방 없이 천막 안에서 내무생활을 하고 판자 집에서는 월동을 못한다 하여 늦은 여름부터 흙벽돌을 만들어 사무실을 짓는데, 내가 시골에서 그런 토담집을 지어본 경험으로 행정과 사무실은 거의 내 손으로 골조를 세우고 벽에 흙을 발라 집 같은 형태를 만들어 겨울을 보내는데 얼마나 추운지 서류 작성하는데 잉크가 얼어서 난로 옆에 잉크병을 들고 펜에 잉크를 찍어 글을 몇 자 쓰면 얼어서 난로에 녹여가며 일을 했으니 그 추위가 어느 정도 인지는 짐작할 것이다. 북한산, 도봉산의 일 년 4계절의 아름다움이야 말로써 다 표현할 수 없다. 다른 곳에서 설명을 했다. 군대생활 말년 휴가를 내어 거창군 마리면 율리의 이용수 일병의 초청으로 그의 집에서 이틀간 쉬었다. 귀대했다. 하필이면 눈이 와서 야외구경은 못하고 어른들의 이야기를 들으니 그 마을에서는 대농가로 큰 물레방아가 있으며 마을 사람들의 벼는 전부 용수네 방앗간에서 찧고 여기에 발전기를 돌려 전 마을에 전기를 가설하여 밤이면 전등을 켜게 하니 그 당시로는 대단히 발전된 농촌마을이었다.

군대에서 만난 친구지만 함께 고생하다 제대하고 보니 55년이나 흘러갔네. 지금까지 옛 전우들을 한 사람도 만나 보지 못했다. 이제 노령에 모두가 잘 살고 계시리라. 이렇게 겨울을 보내고 봄이 되니 나에게도 3년의 군복무를 마치고 제대특명이 나서 그동안 정든 전우들과 아쉬운 이별로 헤어지고 50년이 넘도록 이름만 기억하지 한 번도 못 만났으니 정들었던 전우들 어디에서 살든지 행복하고 건강하게 잘 살기를 오직 바랄 뿐이다.

15. 표충사 나들이

1957년 봄, 밀양 부북면에 주둔하고 있을 때 병원 각과 상사님들이 표충사로 봄놀이를 간다. 인사계님이 나를 함께 가자고 한다. 아마도 놀다가 귀대할 때 뒤처리 등을 생각해서 함께 가게 된 것 같다. 사병으로는 취사병 한 사람과 나와 둘이고 30여명의 중·상사들과 GMC 트럭으로 부대를 출발하여 표충사로 향해 달렸다. 사병으로 처음으로 멀리 부대 밖을 가는데 그때만 해도 밀양강에 다리가 없었다. 강물은 많이 흘러 겨우 강을 건너 산외면 시골길을 한참을 달려가니 또 강이 나온다. 울산과 표충사로 가는 갈림길의 첫 강, 지금은 교량이 있지만 그때는 교량이 없어 강물이 많아 GMC 트럭은 힘은 세다고 하지만 바로 가다 못가고 도로 나와 후진으로 겨우 강을 건너갔다. 이렇게 강을 건너 표충사를 향해 시골길을 가는데 시야에 들어오는 농촌의 산천들이 봄을 맞아 새잎들이 피어나 아름다운 산하를 연초록색의 푸름을 저마다 자랑한다. 황홀한 감정 속에 차는 숲속 길을 달리며 사방으로 보이는 산들은 그림 같이 아름답다. 어찌 그렇게도 높고 큰 바위들이 멋있게 솟아있는지 그 경치의 아름다움은 무엇과도 바꿀 수 없는 인간에게 주는 자연의 선물이다. 지금이나 그때나 산천은 변함이 없는데 부산 근교의 산들과는 판이하게 다른 큰 산 깊은 골이다.

이렇게 한 시간여 달려가니 표충사가 저 멀리 보인다. 가는 도중 중간 중간의 산세들이 외국 영화에 나오는 풍경보다 더 아름다워 보이니 탄성이 저절로 나온다. 이렇게 해서 절 앞에 도착하여 짐을 내리고 취사병에게 점심준비를 시키고 상사들 일행을 따라 절을 구경한다. 그때만 해도 절에 가면 부처님께 절하는 것으로만 알았지 불교란 전연 모르던 때라 사찰 건물과 절 경내를 둘러보았다. 그때는 몰랐지만 표충사는 임진왜란 때 사명대사 큰스님이 승병을 일으켜 왜군들과 싸워 많은 전공을 세웠다. 한편 사명대사는 임란전쟁 후 일본에 가서 협상으로 우리 동포 포로들을 석방하여 귀국했다는 큰 공적과 표충사 박물관에 사명대사의 유물과 문서들이 진열되어 지난 역사를 말해주고 있다. 절을 돌아보고 밖에 나오니 위쪽 개울 넓은 자리에 돌을 양쪽으로 모아 도랑같이 길게 만들어 숯을 넣어 불을 피우고 쇠고기 갈비를 얹어 구워먹는데 어떻게 그렇게 불고기 맛이 좋을까. 고기 먹기가 어려운 시절 군에서 주는 돼지고기 비게나 먹어 보았을까. 이렇게 포식하고 상사들 노는 사이에 나는 혼자서 조금 위쪽으로 올라가서 천황산과 제약산 사자평 쪽의 산세들을 구경하면서 동래 쪽의 운봉산이나 금정산 그 어느 산과도 비교가 안 되는 큰 산으로 자연의 웅장함과 아름다움에 나 홀로 보기가 아까워 휴가가면 자랑이라도 해야지 이런 생각을 하면서 말할 친구도 없고 그 풍경들을 마음속에 담아 와서 55년이 더 지난 이제야 글로서 자랑한다. 상사들의 하루 야외놀이 마치고 귀대하면서 다시 한 번 숲속 길을 달려 무사히 귀대했다. 나의 인생에 논산훈련소를 제외하고 처음으로 멀리 놀러 가본 길이었다.

이 밖에도 밀양에는 많은 유적지와 경관이 아름다운 곳들이 많다. 밀양 영남루와 아랑각 아랑의 실제라 하는데 전설 같은 이야기로 밀양부사가 부임해오면 그날 밤에 부사가 죽는다는데 그 이유는 죽은 아랑이 억울하게 죽은 것을 부사에게 말하려고 하나 부사가 유령에 놀라 죽었다고 하는데 지금 아랑이 죽은 자리에 표지석이 서있고 옆에 아랑각을 세워 봄 어느 날인가 밀양시민들이 아랑제를 지낸다. 무안면에는 사명대사 비석이 있다. 지금은 문화유적지로 많은 관광객들이 와서 사명대사의 애국충절을 기리고 참배한다. 예로부터 전해오는 말로 나라에 무슨 큰일이 일어나려면 비석에 땀이 흐른다는데 사실인지 전설인지는 모르겠다.

17. 제대하고 귀향하여

1956년 3월 20일 군에 입대하여 논산 훈련소에서 전반기

교육을 마치고 바로 밀양 제7육군정양병원으로 배속되어 3년간 복무하고 만기제대 특명을 받고 이제 자유의 몸이 되었다. 3년간의 정 들었던 전우들과 행정과 과원들과 정말 헤어지기가 아쉽다. 나의 자리와 업무를 후임 이용수 상병에게 인계해주고 부관님에게 제대 신고하고 인사계님과 과원들과 작별의 술 한 잔씩을 나누고 사회에 나가 성공하라는 축원을 받고 헤어지려니 지난 3년간의 생사고락이 머릿속을 어지럽게 흘러간다. 1956년 6월부터 밀양에서 2년간 근무하면서 영남루와 표충사, 밀양강의 아름다운 백사장 등등 밀양의 명승지와 농촌풍경들이 정들어 제2의 고향 같은 곳이다. 1958년 5월 서울 도봉동으로 이동하여 도봉산 아래의 넓은 벌판에 천막을 치고 자리한 병원에서 일 년 4계절 북한산, 도봉산, 수락산, 초록에서 단풍으로 낙엽이 떨어지니 천지는 백설로 뒤덮인 산하들, 짧았지만 자연과 정들고 상계동 벌판 저 멀리 남쪽으로 비스듬히 누워있는 산이 어쩌면 부산의 황령산 남천동 쪽으로 누워있는 모형이 그렇게도 닮았을까. 이제 부대를 떠나면 언제 다시 올 날이 있을 런지 모를 일이다.

전우들과 작별의 인사를 나누고 용산으로 나와 12열차로 부모형제들이 살고 있는 고향을 찾아왔다. 나는 군대생활 중에 결혼을 해서 아내는 시부모님 모시고 시동생들과 어려운 농촌에서 남편 없는 신혼의 아름다운 꿈도 꾸지 못하고 살았으리라. 고향에 돌아와 부모, 형제, 가족들을 만나는 기쁨도 잠시 장남으로 가족부양을 위해 생업의 걱정이 앞선다. 아홉 식구의 대가족으로 10마지기 논농사로 일 년 농사지어야 식량을 자급하고 나면 남는 것이 별로 없는 빈농으로 부모님은 어렵게 가정을 이끌어왔다. 4월에 집에 왔으니 그래도 농번기의 시작이라 부모님을 도와 가을까지는 농사일에 부지런히 일했다. 가을 추수를 끝내고 겨울 농한기 매일같이 산에 가서 나무를 하여 집에서 땔감으로 때고 때로는 시장에 가서 팔아 생활비로 썼다. 그 시절은 직장이란 참으로 귀하고 일할 곳도 별로 없었다. 이렇게 농한기를 보내다가 예비군 훈련 받으라는 통지를 받고 의무병과라 거제동 제3육군병원에서 한 달간 실습과 강의 등으로 훈련을 마치고 이제 병역 의무는 끝났다.

해가 바뀌어 음력설이 되었다. 설 제사를 모시고 다음날, 결혼 후 처음 맞이하는 설날에 처가에 가서 장인, 장모님께 세배 드리고 처남, 처제들과 놀다가 밤이 깊어 자게 되었다. 자려고 누워 있으니 이상하게도 복통이 온다. 통증이 진정되지 않고 밤새도록 앓다가 날이 새, 기장의 어느 의원에 가서 진찰하니 맹장염이라 한다. 거기서는 수술할 수 없어 부산 남포동의 윤종호 외과에 가라고 소개장을 써주어 통근 열차로 남포동까지 가는데 극심한 통증과 오한으로 얼마나 시달렸는지 병원에 도착하니 의사가 없어 간호사가 긴급환자가 왔으니 빨리 내원하라는 연락을 하고 기다리는데 숨 막히는 통증은 1분이 하루같이 길고 힘들었다. 의사선생님이 와서 진찰하고 곧 수술을 해야 한다. 의사는 수술 준비하고 수술 계약서에 서명을 하고 수술 했는데 벌써 맹장이 장에 유착되어 위험 직전이라 한다. 열흘간의 입원치료로 회복되어 퇴원을 해야 한다. 치료비가 얼마나 많은지 돈을 구할 수 없어 아버지는 소를 팔아 치료비를 주고 퇴원해서 집으로 왔다. 소를 팔았으니 부모님과 동생들에게 큰 죄를 지은 것 같다. 내가 제대하여 집안에 도움은 못주고 이런 우환이 찾아와 온 집안은 근심의 심연으로 빠져 들어간 것 같다. 마음속으로 이 불효의 죄를 용서하라고 빌었다. 언제 회복되어 마음 놓고 일할 날이 언제 다시 올는지 기대가 크다. 집안의 형님들, 형수님들이 찾아와서 위로해 주건만 희망을 안고 고향에 와서 잘 살아 보려했는데 이 무슨 운명인가. 큰 불효를 저질렀으니 아버지도 큰 아들이 집에 와서 농사라도 지으면 좀 나은 앞날을 기대 했으리라. 소 한 마리 값으로 내 생명을 구했으니 건강이 회복된다면 부모님과 동생들 내 가정을 위해 희생하리라 다짐도 해본다.

봄이 오니 건강도 차츰 회복되고 농사준비도 하면서 그때 우리 집은 남의 밭(위토답)을 700여 평을 얻어 밭농사를 짓고 가을에 박씨 문중의 시사 제물을 해준다. 지금까지 이 밭에는 여름에는 콩 심고 겨울에는 보리 가는 것이 전부였다. 일반 콩이나 보리농사보다 채소를 심는 것이 나을 것 같아 책을 사서 읽어보면서 오이와 토마토를 심었다. 그때로는 고등 채소라 하여 환금성이 훨씬 좋았다. 수박도 심고 참외도 심어서 수확하여 팔고 집에서도 실컷 먹었다. 밭에서 얻어지는 수입으로 생활비에 보태고 농비에 쓰니 그래도 일하는 보람이 있다.

이렇게 2년간 농사일을 하다가 어느 친구의 도움으로 금성사에 취직을 하게 되었다. 이제 농사는 아버지와 동생들에게 맡기고 회사가 멀어서 연지동으로 이사를 갔다. 10월에 입사하여 이듬해 3월에 박정희 군정 때 농촌 개혁을 위한 새마을운동이 일어나 부산에서는 우리 마을(운봉)이 처음으로 선정되어 농촌 주거환경 개량사업을 시작했다. 볼품없는 초가집 지붕은 기와로 벽은 회칠하고 화장실 개량, 부엌 개량 등 주택을 아름답게 꾸미고 집집마다 차가 들어갈 수 있도록 골목길을 넓혔다. 한 달여의 공동 작업으로 마을환경은 완전히 달라졌다. 62년 4월 2일 새마을 공사 준공식을 하게 되어 시청, 구청 관계 공무원들이 초봄의 시골마을에 와서 마을 생긴 후 처음으로 흥겨운 음악소리가 스피커를 통해 울려 퍼지고 마을에는 축제가 벌어졌다. 나는 이날을 기념하여 회사를 결근하고 히마라야시타 한 포기를 기념으로 심었다. 나무는 잘 자라 50년이나 지난 오늘 한 아름도 넘는 큰 나무로 자랐다. 고향마을 운봉에 갈 때마다 보며 내가 기념으로 심은 나무가 이제는 마을사람들에게 그늘도 지어주고 하니 자랑스럽다. 새마을 준공식을 마치고 일상으로 돌아와 마을 사람들은 농사일에 여념이 없고 나는 회사 일을 열심히 하면서 일요일이면 부모님이 계시는 집에 왔다. 그때만 해도 버스가 없어 동래에서 걸어서(9㎞) 집에 오려니 교통이 불편하고 힘들지만 장남으로 집안일을 함께 의논하는 것이 도리라고 생각했다.

어느 날인가 무더운 여름날 집에 오니 아버지가 어디 가신다고 길에서 만났는데, 외출하실 때 입은 옷이 너무나 낡아 자식도리 못한 것이 참으로 부끄러웠다. 집에 가서 어머니를 만나 놀다가 귀가하여 아내에게 아버지의 낡은 옷을 이야기 했더니 추석에 시아버님의 외출용 옷을 한 벌 해드리려고 베를 떠서 직접 옷을 만들어 놓았다고 했다. 늦여름 어느 날 운봉 집에 와서 쉬고 있으니 아버지는 오전에 개좌 논에 가서 풀을 한 짐 베어 지고 오시고는 점심을 드시고 쉬셨다. 오후에 박씨 문중 선산에 벌초하러 가시고 나는 연지동 집으로 왔다. 저녁을 먹고 자는데 새벽에 누군가 문을 두드리고 깨워서 일어나 보니 집안 조카들이다. 할아버지가 돌아가셨다고 한다. 어제 만나서 오후에 벌초하러 가신다고 했는데 이게 무슨 청천 벽력같은 일인가. 그 길로 반여동까지 차로 와서 걸어서 오려니 얼마나 긴장이 되었는지 발을 옮길 수가 없었다.

집에 돌아오니 이미 아버지는 삶을 마감하신 뒤였다. 아무리 통곡한들 돌아올 수 없으니 슬픔을 가라앉히고 간밤의 일을 들어보니 여름이라 우리 집 마당에서 이웃 사람들과 노시다가 주무시려고 방에 들어가셨는데 얼마 후 비명소리가 한 번 들리고는 의식을 잃었다고 한다. 어머니와 동생들이 방에 들어 가보니 벌써 말문이 막혀 한마디 말씀도 못 듣고 우선 동래까지 달려가서 중앙의원 박 원장을 모시고 와서 진찰했으나 숨을 거둔 뒤라 어떤 응급 처치도 할 수 없었다. 의사는 가고 어머님과 동생들은 얼마나 놀랐을까. 큰집 형님과 밤을 새웠다고 한다. 가난한 집안에서 고생만 하시다가 어머니와 우리 6남매를 남겨두고 이 세상을 떠나셨다. 추석에 새 옷 한 벌 해드리려고 지었다가 한번 입어보지 못하고 돌아가셨으니 이 큰 불효의 죄를 어떻게 하리. 눈물만 삼키고 삼일장으로 아버지를 개좌산에 모셨다. 다행히 병수동생이 군에서 제대하여 생전에 아버지와 함께 얼마간 일하고, 자식들을 가까이서 보셨으니 편안히 계시리라.

남은 가족들과 살아가기 위해 내가 집으로 다시 돌아올 수 없으니 병수 동생이 어머니를 모시고 농사를 지었다. 나도 어렵지만 때로는 농비에 쓰라고 얼마간의 농비도 주고 말없이 집안일을 잘하고 왔다. 그러나 젊은 시절 희망 없는 영세농으로는 앞길이 어려웠으리라. 동생은 조병창에 입사하여 평일에 회사일하고 휴일에 농사일을 하고 결혼하여 수년간 어머니를 모시고 살다가 분가를 하고 병원이가 운봉 집을 지키게 되었다. 우리 형제들이 가난으로 교육받지 못하고 살아온 것이 안타깝지만 정직하게 부지런히 살아온 덕으로 이제는 형제들이 잘 살아가니 부모님의 음덕이고 노력의 꽃이 피어 아름다운 결실을 거두고 살아간다. 세월을 뛰어넘어 어머니는 1999. 3. 26. 89세 고령의 노환으로 이 세상을 떠나셨다. 아버지 옆에 함께 모셨다.

18. 운봉 4-H클럽을 세우다(1959년 10월)

1959년 3월 군에서 제대하고 고향을 찾아 농사짓고 살겠다고 농사 관계 서적을 구입해 책을 읽으며 처음으로 당시의 고등 채소라 할 수 있는 토마토, 오이, 수박 등 환금 작물을 재배하여 시장에 팔아 생활비에 보태고 이렇게 열심히 일하였다. 그러던 중 외숙부님이 집에 와서 내가 주선해 주겠으니 농사짓고 살려면 운봉에도 4-H 클럽을 세워 농촌지도소의 지도를 받으면서 청소년들을 선도하고 농사기술도 배우고 단합해야 농촌이 발전한다고 해서 농촌지도소를 찾아가서 당시 지도소장인 이주상 소장님을 소개받아 인사하였다. 그곳에 직원이라야 3, 4명 정도 일하고 있었다. (4-H클럽이란 知, 德, 勞, 體의 영문 머리글자를 따서 농촌 청소년들의 농촌활동 단체 이름) 시간이 나는 대로 농촌지도소에 가서 농사서적을 얻어다 운봉회관에 걸어놓고 청소년들을 가르치고 공동 작업장을 만들어 작물 재배도 하고 단합해야 잘 살 수 있다는 것을 깨닫고 언젠가는 일주일간 지도소에서 공동으로 숙식을 하면서 자원 지도자교육을 받았는데 오래되어 기억이 잘 안 나지만 이것 한 가지는 아직도 생생하게 기억이 또렷하다.

당시 정기원 경남 농촌 진흥원장님이 미국농촌을 견학하고 와서 미국의 발전된 농촌생활의 강의를 듣고 환등기로 사진을 보면서 설명하는데 그때 아마도 미국농촌과 한국농촌의 농업경영의 차이가 100대1은 더 될 것 같다. 미국의 어딘가 대평원이 한국 전체 면적보다 더 넓다하니 농사는 완전히 기계화로 트랙터로 논을 갈고 비행기로 볍씨를 뿌리고 벼가 자라면 뿌리가 튼튼하라고 물을 며칠간 빼는데 그때는 한강만한 봇물이 홍수가 난 것 같이 흙탕물이 내려온다니 놀라지 않을 수 없다. 수확 때면 인가도 없는 넓은 평야지대에 큰 창고와 도로만 잘 정비되어 있고, 콤바인이라는 기계로 수확하여 들판 중간 중간에 있는 창고에 보관하여 도정을 한다니 참으로 많이도 발전했다. 그때가 1950년대이고 보니 우리는 기계는 없었고 오직 손으로 농사를 지으니 힘들고, 수확량은 미국의 반도 못될 것 같다.

1953년에는 한국전쟁이 끝나고 큰 공장도 없으니 농업이 주산업이라 힘들게 일하면서 농촌지도소를 방문해도 버스가 없어 동래까지 8㎞를 걸어가서 농촌지도소에서 소장님과 직원들로부터 농촌발전의 여러 방법들을 많이 듣기도 하고 실행하였다. 그러다가 직장(금성사)에 취직이 되어 서면으로 이사 하는 바람에 더 이상 농촌 생활은 못하고 후에 병칠 동생이 운봉 4-H클럽을 이끌어 왔다.

19. 반송 개척단

1961년 처음으로 직장(금성사)생활을 하면서 열심히 회사에 출근하며 내가 맡은 명판 실에서 여러 친구들을 사귀며 사회에서 처음으로 직장생활을 시작했다. 2년여 일을 하고 있을 때 쯤 회사를 연지동에서 동래로 옮겨 새 공장에서 일하게 되었다. 그때 반송동 수무지 일대 야산을 일반인들이 무단으로 입산하여 구릉지의 산을 개간해서 농사짓고 살고 있었다. 5.16 군사 혁명 이후 어려운 서민들이 어디든지 황무지가 있으면 개간하여 농사로 생계를 이어가는 것이 전국적으로 산지를 개간해서 살아가던 시절, 나도 회사에 출근하면서 반송 개간지에 들어가서 개척민의 일원이 되어 함께 일을 했다.

세계 기아 해방운동 영국 런던 본부의 한국 파견관으로 나온 매크라렌 여사의 한국에서 네 곳의 농장 개척사업 중의 한곳으로 반송 개척지가 선정되었다. 본부에서는 문화재 관리국과 농림부에 정식으로 개척사업의 허락을 받고 개간이 끝나면 참여한 20세대 개인에게 등기 이전해주고 본부는 타국으로 간다고 했다. 20세대가 각각 4,500평의 산지를 배당받았다. 나는 일요일과 퇴근 후 늦은 시간을 이용해 부지런히 땅을 개간해 밭을 넓혀나갔다. 그런 1년 후 개간사업을 완수하기 위해 기아 해방운동 본부의 구호로 1년간 식량과 농사경비로 주택을 흙벽돌로 만들어 방 2, 부엌 1개가 있는 기와집을 공동으로 지었다. 집을 완공하고 살면서 새집에 들어가기 전 입주하기 위해 일요일마다 돌과 구들장을 모아 나무 등 재료를 준비해놓고 동생들의 도움으로 흙 토담집을 지어 살다가 새집에 입주했다.

본부에서는 이곳 반송농장을 멋진 이상촌을 만들겠다며 황무지 개간을 공동으로 작업을 한다. 작업에 참가하는 날은 남자들은 쌀 두 되, 여자들은 쌀 한 되 이렇게 주는 것도 사업을 조속히 끝내기 위한 방편인 것 같다. 또한 농장의 상류 쪽에 저수탱크를 만들어 흩어져 있는 각 농장의 개인주택까지 상수도관을 묻어 집집마다 수돗물이 들어오도록 만들어 생활용수로 농장관개수로 참으로 편리하게 물을 사용하게 되었다.

일 년여에 걸친 개간 작업이란 삽과 괭이로 땅을 파고 돌을 주어내고 밭을 만든다는 것이 너무나 힘든 중노동이었다. 이렇게 힘든 노동으로 밭 2,500평을 개간하여 농사비용을 1년간 지원 받으며 첫 작물로 감자와 수박을 심었는데, 감자는 씨앗에 바이러스에 감염된 것을 모르고 불량 씨감자로 일만 죽도록 하고 실패하고 말았다. 그때 농사에 주력하려고 회사를 퇴직하고 일했던 것이 감자 농사는 실패하고 수박은 잘 되어 매일 3, 40개씩 따서 동래 농산물 경매장에서 경매로 넘기고 농사에 주력하나 농사의 소득으로 생활하기가 너무나 힘이 들었다. 당시까지만 해도 농사는 참으로 힘든 중노동이었다. 60년대 중반 나라에서는 브라질에 농업이민을 한창 보낼 때였다. 어떤 사람들은 인종도 언어도 풍속도 기후도 다른 브라질 이민 가는 것 보다 우리 국내에서 황무지를 개척해서 농사짓고 사는 것을 부러워하지만 실상은 그렇지 못한 최악의 어렵고도 힘든 중노동이었다.

외국의 구호단체인 캐이아에서 3개월에 옥수수 또는 밀가루(45kg)와 의류 등 구호품을 받아 어느 정도 생활에 도움이 되었다. 척박한 땅에 겨울에는 보리 갈고 봄에는 수박, 고구마, 가을에는 김장용 무를 심어 김장철에 4톤 트럭 한 트럭을 싣고 어머니와 동래시장에서 팔았지만 쌀 3가마니 정도밖에 수입이 안 되고 지원하던 본부도 철수하고 이래서 다시 회사로 가서 일하던 중 부산시에서 조방 앞 철거민들을 반송으로 이주하게 되었다. 20세대가 수년간에 걸쳐 4만여 평의 땅을 개척해서 부산시에 준공신청을 했으나 준공허가는 나지 않고 준공허가가 나면 개인에게로 이전등기 해주기로 하고 개간사업을 시작했는데 인건비도 안 되는 보상을 받고 결국은 철거민 촌이 되고 말았다.

집터를 60평 분양 받아 새로 집을 짓고 살면서 5년간 회사에서 일하다가 회사경영이 어려워 퇴직하고 반송에 15평 건물을 지어 조그마한 가내공업을 시작하여 금성사 TV 부품 가공으로 성예사에 5년간 납품하고 그 후에야 금성사가 구미로 이동하고 제품은 단종 되어 폐업했다.

20. 고향 생활의 추억

아득히 먼 어린 시절, 우리들은 신진에서 함께 만나 공부하던 초등학교 동창들. 그 시절을 회상하며 송산천 금파 은파 청개수를 이루니 교가의 첫 구절이 가슴깊이 떠오르며 선생님의 지도로 서로 경쟁하며 배우려던 희망찬 어린 시절이 아련히 떠오르는 구나. 지난날의 아름다운 추억들을 우리 어찌 잊으랴. 겨울의 혹독한 추위 속에서도 난로 없는 교실에서 마루 밑으로부터 올라오는 찬바람에 발이 시려 수건(타월)으로 발을 감싸고 그래도 한 글자 한 단어 더 배우려고 발버둥치지 않았던가. 따뜻한 봄이 오고 여름이 오면 그때는 배고픈 시절이라 점심시간이 기다려진다. 점심시간이 되면 교실 뒤쪽 산 계곡 넓은 바위 위에 옹기종기 모여 앉아 꽃향기, 풀 냄새, 계곡물의 흐르는 자연의 소리, 산새들이 지저귀는 노래소리 들으며 꽁보리밥 도시락에 무김치, 배추김치로 맛있게 나누어 먹으며 동심의 정은 깊어만 간다.

이렇게 인생 수양을 다 갖추고 자라온 우리들의 정은 어느 혈연보다 더 깊은 정이 쌓이고 쌓였지만 학문의 길을 끝까지 가지 못하고 가난의 죄였던가. 겨우 첫 걸음에서 물러서는 아픈 설움을 가슴에 안고 향학의 꿈을 내려놓고 돌아서지 않았던가. 멀고 먼 인생길의 항로에서 저학력으로 차별의 서러움을 느끼고 살아오지 않았던가. 그 시절의 환경으로는 어쩔 수가 없었다. 초등학교를 다닌 것만으로도 감사히 생각하며 아직도 하나의 미완성 인격체로 이 어려운 세상 파도에 내어 던져지지 않았던가. 그리움을 가슴에 안고 기약 없이 헤어질 운명이었던가. 선생님의 따뜻한 사랑을 받으며 이 사회에 나가서 훌륭한 사람이 되라는 격려의 말씀을 듣고서 헤어짐이 무엇인지 알지 못하면서 그래도 떠나는 것이 못내 아쉬웠다.

선생님과 정든 교실 마지막 문을 닫으면서 '잘 있거라. 잘 가거라.' 어린 소년과 소녀들의 두 눈에는 어느 새 투명한 눈물이 맺힌다. 끝내는 두 줄기 눈물을 흘리면서 먼 훗날 다시 만날 것을 저마다 굳게 맹서하고 기약 없이 그렇게 헤어졌다.

각자 향리의 아름다운 자연 속에 파묻혀 부모님을 도와 농사로 생계를 이어갔다. 생활의 환경이 바뀌어 군대도 가고 사회진출도 하고 춘하추동 사계절이 몇 십번이나 흘러갔던가. 기나긴 세월 속에 부모, 형제 사랑 속에 한 가정을 이루어 자녀들을 양육시키며 살아온 세월, 지난날들의 고난과 영광의 세월 속에 살아간다고 그 얼마나 많은 시련 겪었을 것인가. '空手來空手去' 이처럼 인생은 빈손으로 왔다가 모두 다 버리고 빈손으로 떠난다 하더라. 고난과 어려웠던 어느 한 때도 후회하지 말고 머나먼 희망의 동산을 찾아 보다 잘 살아가도록 저마다 열정을 쏟으며 최선을 다하여야 할 것이다.

우리들이 헤어진 지 35년. 지척에 살면서도 한 번도 만나지 못하고 서로가 모르고 살았다는 것이 너무나 아쉽고 후회스럽다. 다행히 지난 1983년에 다시 만나 잊었던 정 나누고 신사회란 동기회를 만들어 한 달에 한 번씩 만나기로 한 것이 얼마나 큰 희망이고 행복이었을까. 서로가 살아가는 정담을 나누며 머나먼 옛 추억을 더듬으며 공백의 세월이 너무나 길었던가. 이별이었던가. 헤어짐이었던가. 가늠할 수 없는 아쉬움의 세월이었다. 원대한 포부를 가슴에 안고 헤어졌던 어린 시절의 아름다운 동안의 그 얼굴은 어디에 가고 백발을 날리고 잔주름이 깊어가는 그 얼굴에는 희망은 넘친다네. 왜 이제야 만났던가, 후회되고 아쉬워라. 지나간 긴 세월 아직도 만나보지 못한 동기들도 여럿이 있다.

이제야 만났네

어린 손을 마주잡고 석별의 정 나누며
헤어져 떠난 길이 이렇게도 먼 길이었나
40년을 뛰어넘어 이제야 만났으니
동안의 꽃봉오리 어디에 남겨놓고
황혼을 바라보는 백발의 그 얼굴엔
멀고 먼 인생길을 말하여 주네

꽃향기 그윽한 신진의 학당에서
산새소리 벗 삼아 향학열을 불태우며
뛰어놀던 어린 시절 그립기만 하구나
정든 학창 떠나온 지 어언 반세기
그리웠던 님들은 어디에서 사셨는지
흘러간 세월 속에 아름다운 가정 이루고

고해라는 인생길 온갖 고난 다 겪으며

님들은 행복하게 잘 살아 왔으리라
오늘에야 만났으니 동창의 정 꽃피우고
즐거웠던 옛 추억 아련하게 그리며
행복 찾아 가는 길 등불이 되어
남은 여생 편안히 잘 살아가자

92년도 봄 어느 날, 경주와 포항 보경사 연산폭포를 구경하러 한번 다녀왔다. 천년고찰의 불국사 위용을 보고 다보탑의 아름다운 모습과 석가탑 등 경내의 잘 꾸며진 회랑을 둘러보고 밖의 백운교, 청운교 등 석축의 아름다운 모습에 당시 석공들의 돌 다듬는 손재주는 정말 놀라운 장인들인 것 같다. 불국사를 뒤로 하고 석굴암으로 갔다. 석굴암은 처음 가 보았지만 사진에서 일제 초기 발견당시 무너진 사진을 보았다. 일제가 다시 복원 공사를 하고 광복 후 우리 정부에서 다시 보강 공사를 했는데 이제는 앞에 집을 지어 유리문 밖에서 볼 수밖에 없었다. 집안으로 들어가서 유리 창문 너머로 보면 석가모니 부처님을 모셨는데 1,000여 년 전에 어떻게 저렇게 인자하고 만인의 고뇌를 풀어주는 아름다운 미소 짓는 얼굴을 표현했는지, 평화로운 마음이 엄숙하면서도 차분하게 가라앉아 참배인들의 마음을 행복하게 해 주는 것 같다.

석굴암을 돌아보고 다시 포항 보경사를 향하여 연산폭포까지 갔다. 길은 평지 같은 산길이라 3.4㎞나 되고 상당히 멀리 올라가니 중간 중간에 소폭포가 여러 곳에 있는 것을 보면서 연산폭포에 도착했다. 폭포의 높이는 그리 높지 않으나 상당히 물이 많고 억만년 세월의 흘러내리는 물에 깎이고 다듬어져 있는 관경에 탄성이 절로 나온다. 기암과 소를 이루고 인공으로 놓은 다리에서 폭포의 사진을 찍고 그 모습의 아름다움은 흉내 낼 수 없는 자연의 조화로 신비롭기만 하다. 폭포를 내려오면서 상생폭포에 와서 잠시 쉬었다. 다시 보경사에 와서 참배하고 절 경내를 둘러보고 늦은 시간 출발하여 기장에 와서 저녁식사하고 다시 동래까지 오면서 고촌 반송에서 일부는 내리고 동래까지 와서 각각 헤어졌다.

불국사 석굴암을 보고 느낀 소감은 석공들의 솜씨가 얼마나 우수 했는지 돌을 다듬은 솜씨에 놀라지 않을 수 없다. 그때는 기계도 없고 좋은 공구도 없었을 건데 그렇게도 아름답게 다듬은 것을 보면 놀라지 않을 수 없다. 문화재청이나 학계에서 잘 연구해 두었겠지만 우리들의 눈으로 볼 때 너무나 신비롭기만 하다. 뒷날 이렇게나마 우리 함께 다시 만나 머지않는 여생을 서로 돕고 의지하며 인생의 황혼을 즐기며 살아가야 한다. 비록 앞서 삶을 마감한 동문들의 명복을 빌면서 이제 지난 세월 아쉬움과 남은 세월 소중함을 우리 서로 위로하며 굳게굳게 살아가야 한다. 아직도 멀고 먼 앞날의 희망 잃지 말고 여생을 행복하게 잘 살아가자. 그래도 마음만은 청소년 같건만 왜 몸만은 말을 듣지 않는가. 기나긴 연륜은 속일 수 없는가 보다. 친구들이여 서로가 희망을 잊지 말라. 이제부터 인생의 참다운 삶의 진미를 마음껏 누리고 못 다한 일들을 부지런히 하자. 이 세상에 살았다는 아름다운 발자취를 남기고 가자. 윤회의 고달픈 머나먼 길을 우리 함께 손잡고 동심으로 돌아가 너와 나의 깊은 정 영원토록 이어가자. 친구들이여! 이제 삶의 뒤안길에 서서 더 무엇을 바랄 것이냐. 가정의 행복을 영원히 이어가며 우리 모두 건강하게 후회 없는 삶을 살아갈 일이다.

세월이 흘러 60인생 단 한번 찾아온다는 회갑이 우리들에게도 찾아왔다. 그때만도 개인으로 회갑연을 별로 하지 않았다. 동갑의 친구들과 또 다른 친구들이 함께 모여 식당에서 소주 한 잔 나누며 오늘 우리들 회갑 날을 대신하자며 진수성찬보다 점심 한 끼로 친구들과 즐거운 날을 보내며 회갑연의 축하로 아래의 축시를 낭독하고 50이 넘어서야 만났던 아쉬움을 달래며 '지난날의 살아온 길을 이제야 만났네.'라고 한 편의 시로 당시의 감회를 대신해 보기로 한다.

회갑연에서 축시

운봉산 정기 받아 이 땅에 태어나서
험난하고 멀고 먼 인생길을 걸어가며

어린 시절 함께 만나 신진에서 수학하여
인생수양 다 갖추고 한 가정 이루어
부모봉양 자녀교육 온갖 고난 다 겪으며
가족 위해 나를 위해 있는 정성 다 바치고
험한 세파 다 헤치고 살아온 육십 인생

그렇게도 빛나던 동안의 그 얼굴은
어느새 잔주름이 황혼 길을 재촉하네
아-아 무정한 세월 멈출 수는 없구나
영광스런 한평생이 찰라 같이 흘러갔네
희망찬 그 얼굴을 다시 한 번 바라보며
회갑을 맞으니 후회 없이 살았다고 자랑하리라

거룩하게 살아온 님들의 한평생을 되돌아본다
검은 머리 백발 되어 휘날리는 밝은 지성 앞에
남은 여생 편안히 만수무강 하옵소서
함께 맞은 님들의 육십 인생 회갑연을
인생 동행 우리들은 인간의 깊은 정
영원토록 따뜻하게 축하드립니다
부디부디 행복하게 잘 살아 주소서

21. 효행

우리 민족의 고유 명절인 설날과 추석이면 조상이 살았고 내가 자랐던 고향을 찾아 부모, 형제를 만나 명절의 제사를 모시고 조상의 산소에 성묘하고 오는 것이 인륜을 다하는 자손들의 도리이다. 선대의 음덕을 기리면서 생업 따라 고향을 떠나 멀리멀리 헤어져 살아온 형제들이 일 년에 한두 번 만나 그리웠던 가족들과 그동안 살아온 정담을 나누고 짧은 시간 만났다 헤어지는 것이 우리 시대의 현실로 되었구나. 헤어짐의 아쉬움은 그리움으로 남고 또다시 만날 날을 기약하며 내 삶의 보금자리로 찾아 다 떠나고 나면 고향을 지키고 살아가는 노부모님들의 마음 한구석이 너무나 허전하다. 이것이 우리 명절 풍속의 실상이 되었구나. 이제는 농경 시대에서 산업사회로 바뀌어 천 리 길을 왔다가 하룻밤 자고 또 떠나니 풍속마저 바뀌어 고향에 남은 노부모님들의 자식, 손자 사랑을 길게 나누지 못하고 돌아서서 눈물 흘리는 세태가 부모로써는 정을 못 잊어 너무나 원망스럽구나. 아무리 장성해도 자식은 어린애 같다. 더 오랜 시간 부모님의 은혜를 어리광으로 위로해드리지 못하는 자식들의 마음도 안으로는 얼마나 부모님을 못 모시는 불효를 가슴 아파할까.

이제 우리들의 평균 수명도 점점 연장되어간다. 한평생을 살면서 건강하게 살아간다면 그 이상 큰 행복은 없겠지. 칠팔십년의 긴 세월 살아오면서 온갖 고난을 다 이겨내고 자식들을 교육시켜 제 살아갈 길 열어주니, 이제 노후에 편안한 몸으로 생의 즐거움을 마음껏 누리고 살아야 할 건데 찾아오는 것은 성인병이라는 치유될 수 없는 병마가 노년을 짓누르고 침범해오니 어느 누가 막을 손가. 언젠가는 이 세상을 하직할 날이 찾아온다. 우주의 섭리로 알고 인생은 죽고 나고 하는 윤회의 세상을 살아간다. 마음을 비우고 받아들인다면 번뇌는 살아지고 황혼의 아름다운 여생을 행복하게 살아가리라.

숙모님은 치매라는 병환으로 자식들이 찾아와도 누구인줄도 모르시고 생활의 현실상 아들이 못 모시고 누나에게 어머니를 모시게 하고 모든 간병비와 생활비를 뒷받침 해주니 자신들의 어려움도 멀리하고 어머니의 간병을 위해서 모셔온 날이 6년이라면 길고도 긴 세월이다. 어느 5월의 어버이날에 남매들이 모여 어머니께 카네이션 꽃을 가슴에 달아 드리고 어머니의 쾌유를 빌었건만 어머니는 아시는지 모르시는지 이제 건강마저 노쇠 해가니 어찌 자연의 섭리를 막을 수 있으랴. 사촌들은 자식도리를 다하지만 어머니의 내리사랑 하고 싶은 말씀 가슴속에 맺힌 한 일생을 진자리 마른자리 가리지 않고 때로는 눈물 흘리며 내 자식들 다 성장시켜 이사회에서 제 가정 이루어 말없이 잘 살아가건만 어머니는 보시는 것으로만 알 수 있을는지 밖으로 표출 할 수 없는 그 괴롭고 안타까운 심정을 어느 누가 알겠나. 아무리 자식들이 잘 해 드린다 하지만 정녕 어머니는 모르시니 얼마나 가슴 아프고 어느 누구한데 마음껏 말할 수 없는 나만이 간직할 이 아픈 고통은 인력으로는 쾌유가 안 되니 자식으로 할 수 있는 정성을 다하면 부끄러움과 후회는 없다.

사촌들이 어머니에 바치는 효성은 너무나 장하다고 아는 이들은 그렇게들 말한다. 어머니가 자랐던 어린 시절 친정의 고향 80여년이 지나고 보니 일가친척 아는 사람 하나 없건만 그래도 20여년 어린 시절을 보내고 자랐던 고향의 향기 맡으며 변하지 않은 산천이라도 보시게 하려고 차에 모시고 옛 고향마을 내가 살았던 집터 논밭과 정든 산천을 보시게 하였지만 기억은 돌아오지 않으시니 자식들은 얼마나 안타깝고 마음 아팠을까. 뿐만 아니라 따뜻하고 날씨가 좋은 날에는 집에서도 휠체어에 모시고 수시로 평생을 사셨던 마을 산천이라도 보시라고 마을을 돌았다. 기억을 하실지 못 할지는 모르지만 혹시나 기억이라도 돌아올까, 보시는 것만으로 라도 어머니를 수년간 모시고 다니는 것을 보고 참으로 아름다운 자식의 도리 다 하는구나 싶다.

이제는 노쇠하여 회복 할 수 없으니 인간은 이 세상에 한 번 왔으면 언젠가는 떠난다. 이것이 불교의 윤회 사상이다.

안타깝고 힘들지만 너무 상심을 말고 우선 나의 가정이 더 소중하니 자녀들의 교육을 잘 시키고 가정의 화목과 평화는 가장의 어깨에 지워 졌으니 어렵고 힘들지만 각자 가정도 잘 돌보아주기 바란다. 그러나 어머니는 긴 세월 자식들의 지극한 효성에도 끝내는 이 세상을 떠나셨다. 안타깝고 애통하지만 인생은 한번 왔으면 언젠가는 떠난다. 자식 된 도리는 다 했으니 효행상을 받고도 남으리라. 어머니께서 긴 세월 편하게 사시다 가셨으면 얼마나 행복한 인생을 사셨을까마는 불행하게도 노후에 치매라는 병환으로 얼마나 마음속으로 큰 고생을 하셨겠나. 안타깝고 답답한 마음이야 오죽이나 크셨으며 밖으로 표출하지 못하는 그 마음은 자식들을 향한 사랑의 정을 한마디의 말씀도 전하지 못하고 마음속으로 얼마나 많은 눈물을 흘렸을까. 아들과 딸들이 어머니에 바친 효성도 모르시고 먼 길을 떠났으니 이제 다시 만날 수 없는 어머니를 아버지 옆에 모시고 부모님의 영원한 명복을 빌고 이 자식들은 눈물 흘리고 돌아왔다.

참으로 부모님은 그 어려운 시대를 사시면서도 우리 육 남매 꽃같이 잘 키워주셔서 이제 저희들은 아무런 걱정 없이 잘 살아 가겠습니다. 이 글을 쓰면서 자녀들이 바쁜 생활 속에서도 어머니를 위해 바친 효성은 참으로 장하고 못내 고마울 뿐이다. 특히 막내 정선은 직접 어머니를 모시고 간병하면서 그 얼마나 힘들었을까. 언니가 이웃에 살면서 함께 도와주고 또한 자매들끼리 말동무도 하면서 어머니를 모시고 무슨 음식 하나라도 맛있게 드시도록 도와 드리고 어머니의 깨끗한 노후의 모습에 자매들의 정성은 멀리서 봐도 정말 효녀상을 받고도 남을 일을 다 했다.

그뿐만 아니라 큰언니는 멀리 있으니 마음만 아프고 속으로는 얼마나 마음고생이 컸으랴. 어머니를 간병하고 자매들이 함께 잘 모시고 정성을 다해 봉양 하는 것이 눈에 훤히 보이는 것 같다. 두 분 형제의 가족들, 부모님의 긴병에 효자 없다지만 그것은 하나의 일반인들이 말하는 기우에 지나지 않는 말이다. 남매들이 너무나 장하고 어머니께 바친 효성은 타의 모범이 되고 반드시 멀리 계신 부모님의 가호를 받을 것이다. 이제 부모님 세대는 가고 우리들의 세대가 다하는 동안 부모님이 하신 거룩한 일들을 본받아 정답고 화목한 인생을 행복하게 함께 보내자. 이제 50대를 넘어 60대에 이르니 가정을 잘 돌보고 자라나는 자식들에 모범이 되도록 아름다운 마음가짐으로 모두가 건강하기를 바라며 가정마다 행복이 넘치고 항상 건강하고 소망하는 일을 나름대로 이루어 행복하게 살아가도록 하여야 할 것이다.

22. 어머니의 마음

어제는 어머니의 기일이라 동생들과 사촌들이 다 모여 제사를 모시고 서로 살아가는 정담을 나누고 헤어졌다. 지금까지 부모님에 대한 여러 편의 글을 읽고 듣고 나는 어떻게 살아 왔는가를 생각하니 장남으로 부모님 사랑의 100분의 1도 못한 부끄러운 삶을 살고 이제 늙은이가 되었다. 특히 어머니의 마음을 읽고 우리 시대의 일부이기를 바라며, 현실일 수 있는 어느 어머니와 아들과의 일생을 그린 글로 젊은이들에게 깊은 교훈이 될 것이라 생각한다.

아들이 태어날 때부터 미숙아로 어머니는 마음의 고통이 얼마나 컸을까? 지금 같았으면 인큐베이터가 있지만 지난날 가난한 생활에서 어머니는 첫아들을 낳은 기쁨도 잠시 모유마저 부족해 이웃 유모의 정성스러운 도움으로 이 아들은 잘 자랐다. 불행히도 아버지는 일찍 돌아가시고 어머니는 자신의 젊음을 다 잊고 자식 위해 온갖 어렵고 힘든 일을 다해가며 20여년 대학까지 공부를 시켰다. 아들은 우수한 성적으로 대학을 졸업하고 국비로 유학까지 마치고 좋은 직장에 들어가 남부럽지 않는 생활을 하고 살아간다. 그러나 어머니는 자식들 편하게 살게 하려고 힘 있을 때까지 온갖 힘든 일, 험한 일 가리지 않고 일하며 단칸방에 홀로 살아간다.

이제는 연세가 드니 힘없어 더 일할 능력이 없다. 얼마나 힘들게 일했던가. 손은 거칠어 오므릴 수 없을 정도로 굳어있다. 얼굴은 주름의 골이 깊어 차마 바로 볼 수 없는 일그러진 모습이었다. 이제 더 이상 홀로 살 수 없어 아들을 찾았다. 이 아들은 어머니의 주름진 얼굴, 거친 손을 보고 어머니를 너무나 경멸한다. 그렇게 어머니의 노령의 모습을 싫어한다. 그러나 어머니의 가슴 속에는 아름다운 장미꽃이 피어있고 그 향기는 자식을 향해 품어주었건만 겉만 보이는 이 아들의 눈을 어떻게 뜨게 할까. 자식 위해 바쳤던 지난세월, 회한의 눈물이 비 오듯 흐른다. 너를 낳아준 어머니를 왜 그렇게 싫어할까? 어머니는 말은 못하고 속으로 많은 눈물을 흘리며, 성장시켰더니 이제는 힘없는 어머니를 구박하고 밀어내니 자식을 위해 일생을 다 바쳤건만 어머니는 얼마나 서러웠을까? 그래도 내 자식이라 남에게 아들의 못된 행실을 밝히지 않았다. 어머니는 큰 충격을 받고 실망했다. "내가 너의 어릴 적 병약한 몸에 아버지마저 일찍 돌아가시고 너를 위해 내 청춘을 버리고 너를 사랑하는 외아들로 키워 오늘의 네가 이 세상 햇빛보고 잘 살아가지 않느냐." 이제야 아들은 뒤늦은 깨달음에 후회하고, '어머니, 이 불효한 아들을 용서해주시기를 빌고 어머니를 사랑한다.'고 하지만 이미 때는 늦었다.

부모는 자식을 위해 모든 것을 다 바치고 성장시켰건만 부모가 늙어 자식에게 다 내어주고 가진 것 없으니 이젠 반대로 살기위해 자식에게 내밀었던 손이 이렇게 천대받는 부모의 신세로 남 몰래 눈물 흘리는 가련한 부모의 마음을 누가 알겠는가? 유교 사상을 이어온 우리네 현실이 어쩌다 이렇게 타락되었는가. 자식은 잘 되어(제힘으로 잘 된 줄 알고) 거동도 할 수 없는 어머니를 저렇게 아예 버렸으니 이 어찌할까. 사랑도 가정의 평화를 위해 어떤 고난도 이겨내고 너의 힘으로 세상 살아갈 길을 찾아라. 나이가 많으면 무엇을 할 것인가? 사람노릇 하나 제대로 못하고 사는 것이 바른 삶인지 칠전팔기의 정신으로 나를 위해 가정을 위해 성공하려면 신이 내린 바른길로 가야만 행복의 열매는 반드시 찾아온다.

어머니의 자리

우리 집 장독간 옆 빈터에는
나 어린 시절 어머니의 꽃밭이었다
봉선화 맨드라미 백합꽃 국화심어
가을이면 어김없이 꽃피워 향기 풍기고

봉선화 맨드라미 많은 씨앗 달고서
그들 생명 이으려고 익은 열매 터뜨려
사방팔방 튀어나가 많은 종족 퍼뜨리네

허기진 배를 움켜쥐고 한과 눈물 삼키며
어머니는 이 어린자식 등에 업고
무거운 짐이고 시장 갔다 오는 길에
맛있는 사탕 한 봉지 사다주는 뜨거운 사랑

이 민족은 힘없어 일본국의 노예가 되어
힘들게 농사지어 소작 주고 공출 주고 남은 쌀로
어린 자식들 배불리 먹일 수 없는 슬픈 한

어머니의 무거운 짐을 이 어린자식 어찌 알겠나
한 많은 그 시절을 살다 가신 부모님
이제야 철들어 알았지만 때는 이미 늦었구나
영화로운 이 세상 행복 한번 못 누리시고

주소 없는 먼 세상에서 평화로이 영면하소서
흘러가는 세월은 멈출 수 없으니
이 불효자도 이제 80 자리에 올라섰습니다

자연이 주는 교훈

23. 원시생물 생존의 역사

우주 생성 이래 태양으로부터 떨어져 나온 지구로 수십억 년 불덩어리의 지구가 헤아릴 수 없는 길고 긴 세월 속에 쇳물같이 끓고 무서운 폭발로 흐르는 불의 강물이 요동치면서 자연의 형태로 변하여 낮은 곳은 바다가 되고 높은 곳은 산으로 평야로 수없는 반복을 거듭한 땅 덩어리, 그 어떤 조화로 생성 되었는가. 물이 생겨 낮은 곳으로 모여 바다가 되어 지구는 공같이 둥글다는데 기울어진 쪽으로 쏟아지지 않고 우주의 인력에 의해 형평을 유지하고 있으니 벗길 수 없는 신비로운 조화다. 줄지도 늘지도 않는 일정량의 물이 바다를 차지하고 물보다 높은 지대는 산과 평야지대를 이루어 생물이 발생하여 살아간다. 땅에 뿌리를 내리고 살아가는 나무와 다년생 식물들이 생기니 그에 따라 초식동물이 생겼다. 식물, 초식동물, 육식동물들, 생존을 위한 먹이 사슬을 따라 수십억 년의 진화 속에 상상을 초월한 생존의 경쟁 속에서 요동치는 지각 변동으로 오늘날의 화산 폭발과 같이 수억 년 전에는 깊은 땅속의 끓는 마그마의 불덩어리가 약한 곳을 뚫고 대폭발로 바다에는 화산섬이 생기고 지구의 일부는 밀려나 섬이 되고 요즘 말로 천지개벽이 수없이 일어났으리라.

그러던 지구가 어느 세월 차츰 차츰 식어 빙하기가 왔다고 한다. 수만 년간 얼음 덩어리로 변하니 지상에 살았던 생물은 사라진다. 수만 년의 빙하기를 거치고 지구상에 새로운 생물들이 자연 발생한다. 빙하기 이전에 살았던 거대한 동물들의 거구가 화석으로 발견되어 초기의 동식물의 형상을 알 수 있다. 공룡 같은 동물의 발자국이 우리나라 고성 해안에도 남아 있는가 하면 뼈는 화석으로 남아 그 뼈로 복원해 놓으니 동물이 아니라 기관차 보다 더 크다고 한다. 지금 산림 속에 살아있다면 어디 산야에 초목들이 남아 있지 않을 것 같고 농사지어 보아야 그놈들의 먹이로 사람은 살지 못할 것 같다. 생물의 생존을 골고루 나누어 주는 우주의 조화가 신비롭고 감탄할 뿐이다.

우주에는 수천억 개의 별이 있다고 하지만 생물이 살 수 있는 별은 지구뿐이라 한다. 지구에는 물과 공기가 있어 고기들이 놀고 땅에는 초목들과 동물들이 언제부터 인지 알 수 없는 수억만 년 전부터 이 땅을 뒤덮고 서로 공생하고 살아오면서 기나긴 세월 속에 거듭거듭 진화하여 오늘의 형태로 지상에 남아 있지 않은가. 인류도 고릴라 같은 원인류에서 진화하여 직립 동물로 서서 걸어 다니며 나무 열매를 따먹고 물고기나 동물을 잡아먹고 살다가 동굴이나 집단으로 한곳에 모여 수렵이나 열매 채취 등으로 살면서 지혜가 발달하여 동물을 키웠을 것이다. 곡물도 한곳에서 재배하는 방법도 알아내어 한곳에 정착 생활을 했으리라 본다. 그들이 살았던 유적지에 탄화된 곡물이 있다고 하지 않은가. 인류학을 연구하는 수많은 학자들이 찾아내어 그나마 그 의문은 점차 밝혀지고 있다.

도대체 인류의 조상은 무서운 겨울의 혹한을 어떻게 견디고 수천만 년의 세월 속에서 여기까지 왔을까? 아마도 생존의 경쟁으로 수억 년의 긴 장정(長程)길에 그 흔적들이 남아 있다. 유사 이래 이 땅에 살아온 선인들의 발자취를 유적지에서 알 수 있다.

유구한 세월에 흘러온 민족의 혼은 사라지지 않는다. 근세에 와서 힘의 논리를 앞세워 내부의 분열을 틈타 임진년의 7년 전쟁에 이 강토는 폐허가 되었다. 그런 후 백여 년 전 일본에 나라까지 빼앗겼으니 내부의 당쟁으로 파멸을 자초했다. 그래도 연합군의 힘으로 국권을 회복했으나 또다시 국토는 허리가 잘리고 말았다. 언제 무슨 힘으로 자유통일을 이루어 후손들에 평화의 복지국가를 넘겨줄까 허리띠를 졸라매고 목숨 바쳐 지킨 조국. 아아, 대한민국, 조상의 뼈가 묻힌 이 땅에 영원한 평화가 오기를 기원한다. 사계절이 뚜렷한 온대지방인 한반도가 과학문명의 발달로 생활은 편리하게 살고 있다고 하지만, 우리가 뿜어 올린 과도한 공해물질로 남극의 오존층이 뚫려 자외선의 직사로 지구는 온난화되어 간다고 한다. 생태계가 교란되어 아열대 지방의 식물이 이 땅에 상륙하고 한대 어족이 사라지고 아열대의 어족들이 우리 해안으로 올라와서 서식한다니 먼 훗날 우리 삶에 어떤 변화가 올 것인지? 오직 아름다운 금수강산 옛날 그대로의 사계절이 변화가 없기를 자연 앞에 간절히 소원해 본다.

한 알의 씨알이 꽃피기 위해

아지랑이 타고 불어오는 봄바람에
땅속에서 무거운 짐 지고 밀고 올라온 새싹
쏟아지는 밝은 햇살 한 몸에 받은 어린 싹들
가냘픈 새싹들은 무슨 힘을 받았는가

그 어떤 폭풍이 불어와도 물러서지 않고서
깊은 땅에 뿌리내려 한세상 살아가네
그 생명 이으려고 온갖 정기 다 뽑아 올려
밝은 햇볕과 보약 같은 영양물을 다 받아

무럭무럭 잘 자라 많은 열매 달고서
무서운 태풍과 비바람도 다 이겨내고
이날까지 흘린 땀이 보석보다 귀하구나
알알이 익어가는 그 소리 들으며

기다리고 기다리던 오곡백과 익어가니
풍요로운 가을 풍경 그림같이 열리네
조물주가 내린 선물 인간들이 차지하여
그 생명 이으려고 자연으로 돌려주네

24. 자연의 품 안에서

아름다운 금수강산 수억만 년을 물려오며 신이 내려준 생존의 보금자리, 멀고 먼 옛날부터 아끼고 지켜온 이 땅에 흰옷 입은 어진 백성들이 보금자리 이루어 계절마다 내려주는 자연의 선물과 울울창창한 삼림의 樹海 속에서 품어내는 향기로운 맑은 공기는 우리의 폐부를 약동시킨다. 또한 산속에는 수많은 산야초 등 온갖 산나물 제공해주니 이것이 자연의 섭생, 근원이 되고 온갖 산짐승들의 낙원이 되어 그들의 약육강식의 순리를 따라 사자, 호랑이 등 육식 동물의 포효하는 울음소리에 놀란 초식 동물들의 생존의 본능으로 뛰고 달리는 야생의 세계는 그들 나름의 생존 질서를 지켜 강한 자가 약한 자의 종을 유지시켜 공생하는 것은 우주질서의 원리를 지키는 것 같다. 수많은 나무들 속에는 여름한철 열매를 달아 가을이 오면 감, 밤과 도토리가 익어 겨울철 산짐승들의 먹이로 나누어주니 욕심 많은 사람, 사람들처럼 한꺼번에 다 가져가지 않고 겨울철 양식으로 제 몫을 숨겨두는 다람쥐 같은 동물들은 지능이 높은가 굴속에 저장해 두고두고 먹고 살아가는 것을 보면 자연이 주는 생존의 법칙을 우리 사람들도 자연세계의 질서를 배우고 따라야 하겠다. 자연이 주는 선물은 그냥 다 받지 말고 조금씩 남겨 그 씨앗을 심어주면 또다시 자라나 먼 훗날을 기약하며 대대로 순환한다. 오늘만 달콤한 열매의 맛에 끌려 한꺼번에 다 먹지 말고 나누어 먹을 줄 아는 지혜가 우리의 삶에 풍요의 선물을 안겨준다. 돌고 도는 자연 세계의 섭리를 누가 해치랴.

수십 년, 수백 년을 끝없이 자라나는 소나무들은 우리 삶의 보금자리, 집 재목으로 온갖 솜씨로 재주를 다 바쳐 지은 집들로 겨울이면 따뜻하게 여름이면 시원하게 비바람을 막아주는 삶의 낙원이란다. 그 옛날의 궁궐이나 산중의 큰절 등 건물들은 역사 속에 문화재로 남아있으니 신라천년, 고려조, 조선조 천년 아득한 옛날부터 유구한 세월 속에 목재 건축기술의 심오한 솜씨는 우리 민족의 자랑거리로 이제는 다 알 수 있으니 선인들이 인력으로 지은 솜씨를 돈으로 헤아릴 수 없는 신비의 보배로 오늘을 살아가는 문명인들이 국가보물로 지정해 대대로 지켜 주리라.

하늘의 성냄인가 태풍의 폭우가 내려도 내린 빗물 받아들여 땅속에 모아두고 가뭄 때를 아는가. 서서히 샘물이 되어 솟아올라 흘러내리니 그 물을 가두어 우리 농민들은 농사짓는 논에 물을 대어주니 자라나는 벼들에게 영양분이 되어 그 해 농사가 잘 되어 풍년이 들면 배부름이 부자로다. 후한 인심의 꽃이 피어 평화의 낙원이 따로 없구나. 계곡물이 흘러흘러 강물을 이루면 그 물 속에는 수많은 고기 떼들이 떼 지어 헤엄치고 뛰어놀며 살아있는 자연 그대로의 보는 즐거움에 사람들의 심성은 더욱 평온해 지리라.

사람들의 지혜는 늘어 멀고 먼 푸른 바다의 수평선을 바라보면 그 끝은 어디일까. 저 먼 수평선 너머에는 사람들이 살고 있는 또 다른 세상이 있을까? 미지의 꿈속에 끝없이 가보고 싶은 사람들의 욕망 끝이 없었구나. 천여 년 전 신라의 고승인 혜초 스님이 멀고 먼 뱃길을 따라 중국대륙에 다녀오고,

장보고 장군은 바다의 왕이 되어 신라와 중국으로 왕래하며 무역을 했다고 한다. 그 유적으로 중국 산동과 완도의 청해진 옛터가 남아있으니, 서양이나 동양이나 미지의 세계를 찾고 싶어 목숨 걸고 천여 년의 긴 세월 바다 위로 배를 띄워 바람 따라 돛대와 노를 저어 바닷길을 찾았으리라.

한없는 인류의 욕망에 거듭거듭 발전하여 200여 년 전 부터는 근대문명의 혁명이 일어나 많은 자원이 소요되어 그 자원의 원천이 지상에 있고 일확천금의 욕망을 찾아 해매는 인간들의 손에 의해 산속에 우거진 나무들은 다 베어지고 땅속에 묻힌 광물들을 캐어 내어 가니 조물주가 내려준 지상의 아름다운 자연이 망가져간다. 광산물 채굴을 다하고 폐광이 되면 그 속에서 흘러내린 무서운 중금속들이 농토를 적시고 내려가 강물에 들어가니 이제야 알았는가? 우리의 먹을거리인 쌀과 채소, 과일들은 중금속에 오염되어 이를 모르고 먹고 사는 인생들은 이름 모를 병에 걸려 신음한다니, 사람들이 저지른 폐해가 바로 우리들에게로 되돌아오는구나. 석유와 석탄을 연료로 불태우니 한편으론 편리하고 편안하게 톡톡한 덕을 보지만 그 반대로 연소 때 나오는 수많은 유독물질은 직접 호흡으로 우리 폐를 숨 막히게 하고 하늘 높이 올라가 오존층에 구멍을 뚫어 태양에서 내려오는 자외선을 막지 못해 사람 몸에 무서운 병을 들게 하고 지상의 온도는 서서히 올라간다고 한다.

이 같은 이상기온의 변화로 땅 위의 생물들은 제자리를 잃고 원래 주어진 생육의 온도에 따라 점점 북쪽으로 생육의 한계점까지 올라간다고 한다. 특히나 우리 한반도의 온난화가 더욱 심하여 100년 내에 겨울이 없어질지 모른다는 기상 이변에 이제 부터라도 늦지 않으니 온갖 지혜 다 모아 파괴된 자연 질서를 되돌리고 향기로운 공기를 가슴깊이 숨 쉬고 맑고 맑은 강물에서 고기들이 헤엄치는 그런 날이 오기를.

오늘을 살아가는 우리들이 자연을 지켜주지 않으면 먼 훗날 무슨 이변이 올까 걱정이 된다. 사람들의 욕심을 채우려 그렇게도 많이 우거진 나무들을 다 잘라가니 지상의 산소공급의 근원지라는 삼림은 황폐화되어 공기 정화의 역할을 잃어간다. 이 또한 인간들에게 무서운 피해를 줄 것이 아닌가. 사실은 늦었지만 영원히 살아갈 인간 세상에 지금도 늦지 않으니 수질 정화, 유독 가스 정화 하고, 나무를 심어 메마른 땅을 녹화하여 사막화도 막아주고 맑은 공기로 정화하여 넓고 넓은 우주에서 단 하나뿐인 사람 사는 지구에 문명기 이전같이 맑은 물, 향기로운 공기 속에서 천연의 자연 그대로 환원해 준다면 인간의 삶이 바로 지상의 낙원이 되겠구나.

25. 봄의 향기 꽃들의 향연

꽃샘바람이 3, 4월의 대지에 세차게 몰아붙이니 먼지바람이 일어 살살한 찬바람은 누구나가 싫어하며 언제나 훈훈한 봄바람이 불어올는지, 먼 남쪽하늘 바라보며 따뜻한 봄날이 오기를 기다린다. 사람들의 마음도 움츠려 든다. 봄을 찾아오는 꽃봉오리는 어김없이 제철이라 부풀어 오르고, 모질게도 춥고 쌀쌀하던 겨울날도 저 멀리 북쪽하늘로 멀리 멀리 올라가니 뒤따르는 남풍으로 불어오는 따뜻한 기온에 소생하려는 식물들은 몸부림을 친다. 눈 속에서도 피어나는 매화는 제일 먼저 봄소식을 전해온다. 백화만발한 벚꽃이 짧은 한 때를 자랑하다 봄바람에 꽃비를 날리고 훈풍이 불어오니 산하는 초록으로 짙어가는 향기 속에 이 강산을 푸르게 물들이고 산새들의 노래 소리에 수목 들은 깊은 잠에서 깨어난다. 자연은 우주섭리에 따라 어김없이 돌아가는구나.

매화꽃, 그 고상한 지조는 풍설(風雪)의 영향을 받지 않는다. 아무리 추워도 땅속 깊은 곳에서 올라오는 지열을 받아 깊은 잠에 멈추었던 생명의 정기는 오랜 잠깨어 뿌리에서 뽑아 올린 영양분을 줄기마다 가지마다 흠뻑 받아 새 생명을 꽃피우려 약동하는데 아직도 지상에는 추운 겨울날씨가 그대로 남아있구나. 주어진 생명의 원리로 그 어떤 환경에서도 물러서지 않고 가지마다 꽃봉오리를 맺어 꽃을 피우려는데 기상 환경이 모질게도 길을 막는다. 매서운 찬바람이 숭고한 매화의 지조를 꺾으려는가. 눈까지 내려 나뭇가지마다 눈꽃송이가 피어있다. 자세히 보아라. 매화꽃은 어김없이 송이송이 꽃봉오리가 맺어 눈을 덮어쓰고도 꽃을 피운다. 생물들은 자연의 섭리대로 그 어떤 환경변화에도 개의치 않고 꽃필 때는 꽃을 피워, 열매를 맺고 우리네 인생과 산짐승들에게 먹이로 남겨주어 공생하는 진리를 실행으로 보여준다. 얼마나 생의 의지와 지조가 강한가. 그래서 옛 선비들은 꺾이지 않는 매화의 절개를 숭상하고 절조를 지켜오지 않았던가. 그 어떤 어려운 풍상에도 시들지 않고 봄을 알리는 전령사인가. 우아한 백매화의 순백한 백색 꽃과 연분홍 꽃을 피워 아직도 푸름이 찾아오지 않는 삭막한 대지에 꽃동산을 이루어 겨울 추위에 움츠렸던 수많은 사람들에게 약동하는 희망을 안겨준다. 자연에 순응하는 수많은 수목들이 앞장서서 꽃을 피워 봄소식을 알려준다. 매화는 꽃을 피워 추위에 움츠렸던 사람들에게 희망의 활기를 불어넣어주고 맺은 열매는 곱게 자라서 5월 하순이면 청 매실을 남겨주니 사람들은 이때를 기다려 좋은 열매를 따서 매실주나 매실즙을 만들어 기호 식품으로 음용한다. 또한 소중한 한약제로도 남겨 준다.

늦잠에서 깨어난 벚꽃들의 가지마다 꽃봉오리들이 수없이

도 많이 달려 부풀어 오른다. 이제 나무들도 지열이 오른 땅속의 영양분 뽑아 올려 메말랐던 가지마다 줄기마다 물이 올라 푸르러간다. 3월 하순이면 터질듯 부풀었던 봉오리마다 꽃잎을 터뜨려 송이송이 피어난다. 4월초에는 꽃이 피어 일시에 만발하니 온 산하가 벚꽃으로 뒤덮여 장관을 이룬다. 벚꽃 길을 걸으며 환호하는 시민들의 얼굴에도 웃음꽃이 피어 활기 넘쳐 손잡고 걸어가는 즐거운 모습들에서 생동하는 봄소식을 마음껏 누리는 구나. 가족끼리 연인끼리 자리 펴고 모여앉아 만발한 벚꽃나무 아래서 맛있는 음식들, 먹을거리를 가지고 와서 오순도순 정담 나누며 가족사랑에 행복해하는 모습들은 인간 삶의 진미가 넘치는 것 같다. 이것도 잠시 뒤늦은 꽃샘바람이 모질게도 불어와서 얼굴을 스치는 찬바람은 반갑지 않구나. 때로는 비바람마저 불어 한껏 자랑하고 싶은 꽃들을 날려 보내니 어찌 이런 심술이 어디에서 왔나. 자연의 조화는 막을 수 없지. 짧은 한때를 자랑하면서 제 수명 다하고 불어오는 바람 앞에 더는 버티지 못하고 꽃잎은 낙화되어 날아간다. 10여일의 짧은 기간에 피었다 떨어지는 성급한 벚꽃은 못내 아쉽지만 내년을 기약하고 인간 세상에 희망을 주고 간다.

이제 4월이 가고 5월이 오면 산에는 진달래꽃이 핀다. 진달래꽃은 이 강산 곳곳마다 자연 생으로 천지 어디에도 없는 곳이 없다. 아직도 산에는 풀과 나뭇잎이 싹트지 않아 아무런 방해받지 않고 지천으로 꽃을 피운다. 자연 생이지만 산속에서 봄소식을 알리며 피어난 진달래꽃은 연분홍 물결로 온 산하를 물들인다. 어디서 왔는지 산벌들이 날아와서 윙윙거리는 소리는 자연이 불러주는 아름다운 교향곡의 노래 소리로 들린다. 이 꽃 저 꽃 찾아 수분도 시켜주고 꽃가루를 받아 모아 그들의 식량 벌꿀을 만든다지. 참으로 신비한 재주를 가졌구나. 때로는 따뜻한 훈풍에 아지랑이 피어난 산하가 꿈속에서 그리던 이상향이 바로 이곳이었구나. 나의 어린 시절, 산에 가서 나무 한 짐 해서 지게에 지고 산을 내려오면서 화사하게 피어난 진달래꽃이 너무나 좋아서 한 움큼 꺾어다 나무 짐 위에 꽂아 집으로 가져와서 꽃병에 담아 집안을 장식했다. 지금같이 재배하던 꽃들이 없으니 꽃이 좋아 그렇게 할밖에 없었을 뿐이다.

뒤따라 피는 철쭉꽃은 전국의 산하를 붉게 물들이고 철쭉제를 벌리는 산들이 수없이도 많구나. 봄바람에 휘날리며 불꽃같이 피어나는 철쭉꽃들은 그 속을 지나가는 산행인들의 얼굴마저 붉게 물들이니 삼천리금수강산 이름 그대로 비단물결 파도치는 조국의 산하와 같이 아름다운 산천은 이 세상 어디에도 없을 것 같다. 인공재배로 공원마다 둑길마다 빈터가 있으면 많이도 심어 피어난 연산홍 붉은 꽃들이 뒤따라 피어나서 만인의 가슴을 설레게 한다. 봄소식을 알리는 꽃들의 향연에 우리네 인생은 희망을 얻고 발걸음도 가볍게 멀고 먼 인생길을 당당하게 걸어가리라.

26. 여름은 가고

축복받은 이 땅에 태어나 행복 가득히 가슴에 안고 춘하추동 사계절이 어김없이 찾아오니, 철 따라 봄이면 식물들은 깊은 잠을 깨고 새싹이 나와 꽃피고 열매를 맺어 풍성한 먹을거리로 우리 인간들의 곡간을 채워 준다. 자연 속의 온갖 생물들이 함께 살아가는 이 땅은 봄에 뿌린 씨앗들이 뜨거운 햇살을 받아 무성하게 자라나 생기 넘치는 여름철에 많은 영양물 뽑아 올려 그 열매를 살찌워 인간 세상에 선물로 돌려준다. 갈증에 목말라할 때 수박 한통 깨어 그 달고 시원한 맛에 더위에 지친 사람들은 흘린 땀을 식혀가니 피서가 따로 없는 자연이 주는 선물이다. 어디 이것뿐인가 참외, 토마토, 딸기, 포도 등 수없이도 많이 쏟아지는 농산물들은 우리 생명을 지키는 천연의 보약이다.

여름이면 언제나 찾아오는 장마는 때로는 많이 내려 농민들이 애써 지은 농사를 다 망치고 때로는 산사태로 산간마을 농토와 가옥, 도로와 교량을 사정없이 휩쓸고 밀어내어 흔적

없이 떠내려가고 삭막한 황야와 같이 많은 피해를 남기고 가니 어찌 자연이 주는 이 큰 재앙은 막을 수 없을까? 지구의 온난화로 기상 이변이 더욱 심하게 일어난다고 한다. 이는 문명 발전에서 일어난 인간들이 버린 공해의 피해가 인류에게로 되돌아온 현상이란다. 이제라도 늦지 않으니 탄소 배출을 줄이고 선진기술을 동원하여 막아 내어야 한다. 그래야만 멀고 먼 인간세상의 향기로운 지상에서 평화로이 살아가리라.

장마가 끝나고 뜨거운 햇빛이 쏟아지는 한 여름이면 사람들도 더위에 지쳐 체력이 떨어지고 일의 능률도 떨어진다. 일터를 잠시 쉬고 휴가를 간다. 우리도 지난날 도약기에는 잘 살아 보자고 앞만 보고 달려가니 휴가란 모른다. 이렇게 힘들게 일한 대가로 보릿고개를 넘기고 허리띠를 졸라매고 땀 흘린 열매로 이제 경제대국으로 일어섰다. 바다로 강으로 산간 계곡으로 수많은 인파가 몰려 피서를 즐긴다. 지쳤던 몸과 마음을 계곡물에 발을 담그고 나무그늘 아래 자리를 깔아 가족끼리 친구끼리 오순도순 정담 속에 사랑하는 가족들에게 행복이 찾아오고 친구들과의 우정의 꽃이 피어난다. 맛있는 음식을 먹으며 여행의 즐거움도 더위에 잃은 기력을 재충전 한다지. 어린이들은 물놀이에 세상 가는 줄 모르고, 헤엄치고 물장구치고 노는 천진난만한 그들의 세계를 바라보는 부모들의 마음은 어린이들로부터 위로의 선물을 받는다. 이렇게 며

같은 초식동물이 있는가 하면 사자와 호랑이, 표범 등 육식으로 살아가는 동물들은 그 사납기가 참으로 무섭다. 그놈들의 세계에는 용서가 없다. 그래야만 살아갈 수 있으니 초식동물들은 그 성질이 온순하여 풀을 먹고 살찌웠다가 육식 동물의 먹이로 먹히니 참으로 매정한 동물의 세계로구나.

축복받은 금수강산, 조국의 산하는 살기 좋은 지상의 낙원으로 춘하추동 사계절이 어김없이 찾아오니 철 따라 꽃피고 열매 맺어 풍성한 먹을거리로 우리 인간들의 곡간을 채워 주고 자연속의 온갖 생물들이 함께 살아간다. 자연에 순응하고 순리 따라 살아가는 인간세상이 얼마나 평화로워 보이나.

그러나 그 속을 깊이 파헤쳐 보면 생존의 경쟁이 극심하였구나. 산업을 크게 나누어 보면 근세기 전까지야 농사가 주업으로 시절이 좋아서 농사만 잘되면 먹고 사는 걱정을 덜어 민생은 생존해왔다. 근세기 서양에서 산업혁명이 일어나서 사람의 힘으로만 일을 하다가 동력이 발명되고 기계가 발명되어 인력으로 하던 일이 기계의 힘으로 수십 배의 물자의 생산이 늘어나고 증기기관의 발명으로 바다로는 화륜선이란 배가 떠서 동서양을 누비고 육지에는 철도를 깔아 기차가 달리니 사람들의 이동과 물자를 나르는 운송에 혁명이 일어났다. 세상은 과학문명기에 들어서니 200여년의 문명기에 인류 생존에도 획기적인 변화가 일어났다. 인간생명 유지의 원천인

식량생산도 인력에서 기계화로 대량 생산된다. 인류가 필요로 하는 모든 제품들은 기계화로 생산하니 풍요롭게 사용하고 살아간다.

인간의 욕망은 끝이 없구나. 문명기 이전은 덮어 두고라도 근세기 한 때는 약육강식의 법칙이었던가. 일부 강대국이 전쟁을 일으켜 약소국을 점령하여 식민지로 만들어 수많은 자원을 약탈해가고 그것도 모자라서 점령국의 인력을 노예같이 부려먹었다. 우리 민족도 이웃 일본에 나라를 빼앗기고 불행했던 한 때 조국의 운명이 폭풍노도같이 밀려드는 외세의 풍랑 앞에 힘없이도 무너졌다. 되돌아보면 당대의 지도자들이 당쟁의 소용돌이의 늪에 빠져 헤어나지 못하고 아집에 사로잡혀 국력은 분산되어 외세를 막아낼 힘을 잃고 영토 확장에 혈안이 되어 날뛰는 일본제국에 기어코 나라를 강점당하고 말았다. 36년간이란 긴 세월 이 민족의 전통은 무너지고 앞도 보이지 않는 암흑의 천지에서 길을 해매는 고통보다 더 혹독한 고난의 세월을 보냈다. 모든 자원을 다 빼앗기고 민생은 그들의 명령에 따라야만 생명을 부지할 수 있었다. 1940년대 그들이 일으킨 전쟁터에 나가 수십만 우리 장정들이 희생되고 이 민족은 노예같이 살아왔다.

2차 세계대전이 끝나고 세상에는 평화가 오는 줄 알았다. 그러나 세상은 공산주의, 자유민주주의 두 갈래로 갈리어 냉

나라를 두 번이나 침탈했는가. 우리의 선대들은 피로써 이 땅을 지켜왔다. 전쟁과 혼란의 시대를 다 물리치고 광복된 조국 땅에 문명의 시대를 열어갈 오늘을 살아가는 우리들의 시대로 넘어왔다. 아무 것도 남은 것 없는 텅 빈 이 땅에 이제부터 나라를 세워야 한다. 외세의 간섭 없는 독립 국가를 세워 세계와 나란히 주권국가로 나아가려 하니 이 또한 무슨 운명인가. 전후 냉전의 사상전에 휘말려 삼천리 반도는 삼팔선을 경계로 남쪽은 민주 대한민국, 북쪽은 공산국가로 갈라져 두 나라가 건국되었다. 무서운 세력 다툼의 회오리 속에 북의 남침으로 또다시 이 나라는 전란의 폭풍에 휘말려 이 강토는 포화로 산산이 부서졌다. 백만, 이백만을 넘는 국민들의 희생 속에 이 전쟁은 끝나고 목숨 붙여 살아남은 국민들은 다시 일어서려는 굳은 의지로 허리띠를 졸라매고 맨주먹으로 재건의 삽질을 시작한다.

전화에 소실되고 무너진 집들을 다시 세워 우선 삶의 보금자리를 만들어간다. 농민들은 잡초만 무성했던 논밭을 다시 일구어 알뜰하게 농사지어 보릿고개를 넘기고 배불리 먹고 얻은 힘으로 도시의 허물어진 시가지와 파괴된 시설들을 정비해서 무역과 상업으로 하나, 둘 일어서는 공장에서 우리는 하나로 뭉쳐 무서운 힘으로 일해 나갔다. 가난한 나라에서 국력이 턱없이 부족하니 외국의 차관으로 현대화된 산업시설을 도입하여 국민들에게 일터를 제공하고 세계인들이 탐낼만한 수많은 상품을 만들어 무역선으로 오대양을 누비고 세계 각국으로 수출하여 외화를 벌어들이니 나라의 경제력은 세계의 상위권에 올라섰다고 한다. 불과 40여 년 만에 일어선 저력은 국민들의 피땀 흘린 노력의 결실임에 틀림이 없다.

이제 나라에서도 국민들의 생활안정을 위해 많은 사회 보장제도를 실행해서 복지국가로 가는 길을 열어간다. 지난날 우리가 어려웠을 때 외국의 도움으로 나라를 지켰고 식량과 구호품으로 어려운 국민들의 배고픔을 면하고 추위와 병들어 신음할 때 많은 의료혜택도 받았다. 나라나 개인이나 내가 어려웠을 때 혜택을 받았다하면 은혜를 보답할 줄 알아야 한다. 이제 우리도 경제대국의 대열에 들어간다 하니 지금도 세계 오지의 곳곳을 찾아다니며 의료와 건설, 교육 등 다방면에 많은 봉사활동을 하고 있다. 이제는 나라에서 더 많은 세계의 어려운 나라들에게 보은의 원조를 해나가겠다고 하니, 우리 대한민국이 세계인들이 찬사할 문명국의 대열에 편승하였다. 우리들이 살아온 격난의 20세기는 피눈물로 조국을 지켰고 굶주림과 폐허에서 피땀 흘려 오늘의 경제를 일으켰으니 더는 물러서지 말고 한마음으로 뭉쳐 힘차게 전진하여야 한다.

선대가 물려준 아름다운 금수강산, 춘하추동 4계절, 봄이 오면 메말랐던 산하에 수만 종 초목들의 새싹이 돋아나 꽃피

일어났다. 무한경쟁 속에 오늘의 초 문명국가를 건설하고 살아간다. 인간은 지상 동물의 한 영역에서 인간생존의 앞날에 수많은 장애가 가로막아 생존경쟁의 싸움은 끝날 날이 없다.

수천 년 전부터 석기를 도구로 만들어 생존을 이어가지만 이것만으로 만족할 수 없어 토기로 생활용품을 만들어 쓰다가 이것도 부족하여 땅속을 파헤쳐 청동을 찾아내어 금속기구의 시초를 이루었다. 채굴과 제련 제조의 기술이 일어나 더욱 많은 발전을 이루어간다. 기원전에 만든 석기와 토기, 청동기의 흔적이 역사 속에 남아있다. 한없는 도전 속에 수천 년, 수백 년을 이어 수많은 광물들을 찾아내었다. 그중에도 영원히 변치 않는 금을 찾아 제련하여 만든 수많은 금제 유물들이 아직도 빛나고 있다. 아니 영원히 빛날 것이다. 철을 찾아내어 천 년, 이천 년의 세월 속에 외침을 막는 무기류에서부터 농경 생활의 농기구 등의 철제 유물도 땅속에서 녹슬어 떨어져 나갔지만 그 형태는 알 수 있으니 인류 문명의 발전사를 유물로 알 수 있다.

근대의 가장 큰 발견은 에너지원인 석탄, 원유와 가스로 인류에게 검은 보물을 선물하여 오늘의 문명을 이루어 살아가지 않는가? 하늘을 날고 오대양을 누비고 육대주를 달리고 통신의 발전은 어떠한가? 안방에 앉아 이 세상의 아무리 깊은 오지라도 그들이 살아가는 모습들과 희로애락의 인간사를 한눈으로 보고 즐기는 세상이다.

인류가 살기위해 자원은 유한한데 너무나 많이 뽑아 올려 고갈되는 날이 오면 먼 후세들은 어떻게 살아갈까? 고민도 해 본다. 이렇게 인간들이 마구 쓰고 버리니 지구는 후유증을 앓는다. 수많은 공해의 물질을 쏟아 내어 우선 눈앞에 보이는 강물이 썩어가고 있지 않는가. 토양이 썩지 않는가. 우리 서민들이야 무엇인지 알 수 없지만 지상의 공해물질이 하늘로 올라가 남극상공의 오존층이 뚫려 태양열에서 쏟아지는 자외선으로 지구는 온난화의 이변이 일어나 북극의 빙산이 녹고 남극의 얼음과 설산이 녹아 지구의 온도가 올라간다고 한다. 먼 훗날 세월이 가면 바닷물 수위가 올라가 연안 저지대가 침수된다니 이 큰 재앙을 후손들에 물려주어서는 안 된다. 바닷물은 수온의 변화로 지상의 기후가 요동을 친다. 불과 6, 70년 전만 하더라도 겨울의 삼한사온의 기온변화가 어디로 가고 추울 때는 추워야 하는 날씨가 봄날같이 따뜻하고 오륙월이면 여름 같은 뜨거운 날씨가 오는가 하면 근래 태풍의 그 위력은 상상을 초월 한다. 원인은 강진으로 바닷물이 넘쳐 육지로 올라와 수십만의 인명과 재산을 바닷물로 수장시킨 파도를 스나미라 하나 처음 듣는 말이다.

인과응보의 법칙을 따라 인류가 쏟아 버린 공해의 물질을 지구는 받아 주지 않고 병들어간다. 병든 지구의 후유증이 인

서울을 점령하고 그해 8월 낙동강까지 밀고 내려와 시산혈해를 이루고 맥아더 장군의 인천 상륙작전의 성공으로 인민군의 보급선을 끊고 유엔군과 합동작전으로 낙동강에서 밀어 올려 압록강까지 진격해가서 압록강에 태극기 세우고 통일의 만세소리도 며칠간의 짧은 순간 중공군의 개입으로 그들의 인해전술에 밀려 백설이 뒤덮인 북한의 산하를 혹한과 싸우며 후퇴하여 또다시 서울을 내어주고 봄에 다시 밀어 올려 현 휴전선에서 휴전으로 포화는 비록 멈추었으나 국군과 북괴군은 서로를 예의주시하며 서로를 항시 경계하고 있다.

전쟁 중에 남쪽에서 끌려간 수십만의 납북자들, 그분들이 당해온 고난은 어찌 무슨 말로 표현하리. 또한 북녘동포들은 공산학정에 시달려 재산과 부모, 형제들과 이별하고 남쪽으로 피난길에 올랐으나 갖은 고생을 다 하고 한 생명 살아온 세월이 어언 60여년이 흘러갔다. 가고 싶은 고향산천, 보고 싶은 부모, 형제, 수십만, 수백만이 학수고대하지만 세월은 기다려 주지 않는다. 이제 노령으로 얼마나 많은 부모형제들이 이 세상을 떠났을까. 한번 밖에 못 오는 인간 세상에 왜 함께 만나 살지 못하고 만나지 못하고 얼마나 많은 피눈물을 흘리고 그리움을 가슴에 안고 살아왔을까?

강물은 흘러 그 어떤 장애도 다 밀어내고 흘러내려 바다에서 만난다. 고요한 바다, 평화로운 바다, 수많은 고기들을 품어 안고 자장가를 불러주는 자애로운 바다도 그렇게 받아주는데 만물의 영장이요, 인륜을 중시하는 문명국의 사람이라 하면서 이산의 아픈 눈물을 따뜻한 가슴으로 안아주고 너무나 늦었다. 살아 계신 혈육들을 만나게 해주어 그분들의 맺힌 한 풀어주는 날이 오기를 학수고대한다. 맺힌 한을 풀어주는 것이 인륜의 도리다. 만수무강 하시어 꽃피는 봄날에 같이 남북이 함께 만나 이 세상에 부러움 없는 가장 아름다운 금수강산을 다시 조성하여야 한다.

31. 인류가 살아온 역사

한반도의 남단, 온화한 기후의 부산 땅. 이 지역에서 원시인류가 유랑생활을 하다가 구석기 시대를 거쳐 일만 년 전 신석기 시대부터 정착의 생활로 조나 수수 같은 곡물을 식용으로 살았고, 팔천여년 전 부터 구릉이나 평지의 한곳에 정착하여 벼를 재배하여 주식으로 하고 어류와 수렵으로 야생동물을 포획하여 살아온 흔적들이 고대 유적지에서 주거지와 신석기 시대의 마제, 타제, 석기류와 탄화된 곡물 등에서 보이며, 그 시대의 생활상을 알 수 있다. 영도 동삼동 패총, 동래 패총 등에서 바다의 생물, 어류와 패류, 해조류 등으로 연명하고 그들이 사용하다 버린 수많은 골각기가 출토되었다. 신석기 시대의 유적지에서 사, 오천년이 넘는 옛 시대로부터 석기로 생활한 것이 확인되고 최초로 인류가 생산 사용한 빗살무늬 토기가 생산되어 곡물과 물 음식을 담는 그릇으로 사용한 것을 보면 상당히 많은 사람들이 취락을 이루어 살아왔다고 보인다.

고대인들이 살면서 남긴 패총에서는 그들이 먹고 쓰고 버린 많은 동물들의 뼈가 지금까지 남아있다. 특히 영도 동삼동의 패총에서 나온 고래 등뼈의 한마디가 직경이 40㎝가 넘어 보이는데 살아 있을 때의 고래의 크기는 얼마나 큰 고래였을까? 수천 년 전에 무슨 창살로 그 큰 고래를 잡았을까? 고래를 잡기위한 배나 뗏목도 상당히 컸으리라. 큰 배가 아니면 고래에 받쳐 파선될 위험이 따르는데 조선술이나 항해술도 상당했던 것으로 느껴진다. 어떤 창으로 잡았는지 상상이 안된다. 패총 유물로 보아 당시 사람들의 공동 생활상을 짐작해본다. 그때 사람들도 사치를 좋아했던가. 동물 뼈로 만든 목걸이 조개로 만든 귀고리, 팔찌 등으로 남자인지 여자인지 몸에 치장하고 한껏 멋을 낸 것 같다.

신석기 시대가 지나고 삼천여년 전부터 청동기 시대로 넘어오면서 벼농사로 주거생활이 정착되고 초기 청동기의 제품들이 출토되어 그 시대를 추정할 수 있고 돌칼, 돌도끼 등을 농기구로 사용한 여러 가지 돌연장들이 그 시대의 생활상을 말해준다.

삼한시대로 들어와 동물의 사육과 식물 재배로 안정된 생활을 하며 4, 5세기경부터 철제품이 생산된다. 벌써 천칠팔백여 년 전부터 철광석을 채취하여 제련하는 기술을 알게 되고 철제품을 만드는 상당히 높은 기술이 발전해 불을 이용하여 고도의 철제품을 생산한다. 철제품으로 농기구와 칼, 창, 화살촉, 투구, 갑옷, 전투용, 말의 얼굴, 가리개, 말의 장신구 등 다양한 무기류가 생산되었으니 그 시대도 내 것을 지키기 위해 영역 싸움이 수없이도 있었던 것 같다. 싸움에 지면 죽고 그 땅을 빼앗기고 쫓겨나니 나의 영역을 지키고 결사항전으로 싸운 흔적들인 무기류가 말해준다.

가야와 신라 시대로 들어와 고도의 토기 문화가 발전되었다. 기묘한 예술 작품 같은 토기들과 생활 토기들로 안정된 생활이 이어졌다고 보여 진다. 초기 금관이 발견되었던 것을 보면 그렇게 정교하지 않으나 왕이나 권력자가 쓰고 국가 통치를 했을 것 같다. 금제품이 나오니 상당히 오래전부터 금 채취와 제련이 있었던 것으로 보인다. 금 채취 과정을 TV에서 본 기억이 난다. 금광보다 강에서 사금을 채취하는 것을 보았다. 금광석을 모아 제련하여 아름다운 금관을 만들고 금귀고리, 금 요대, 금팔찌 등은 신라시대의 왕가나 귀족들, 상류층 생활은 위엄과 호화의 극치를 이룬 것 같다. 이때부터 일상생활 용구로 철제품을 사용하고 가정의 식생활 용구로 청동기 밥솥과 수저 철제 밥솥, 토기 등을 사용하여 놀랍게도 상당한 문화생활을 향유하였다.

아울러 기록문화가 발전되어 그 시대의 주요 기록들을 돌이나 비석에 새겨 역사적 사실을 기록한 것이 천년 세월이 지난 지금도 뚜렷이 남아 그 시대상을 말해준다. 불국사 삼층석탑에서 나온 무구정광 대다라니경의 발견으로 신라불교 융성의 역사를 알게 되고 청동여래입상 소형의 금동 여래상으로 보면 아마도 신라인들은 불교에 귀의하여 부처님의 가르침대로 살겠다고 얼마나 많은 서원을 했을까? 고려의 문화 또한 속장경 대장경으로 외침(몽고군)을 물리치고 불교를 융성시켜 호국불교로 나라를 지킬 것을 하나의 신앙으로 믿어왔다. 생활문화로 고려청자의 아름다운 모형과 색상, 불과 유약의 신비한 조화로 탄생한 비취색의 오묘한 색상에 놀라지 않을 수 없다. 오늘날에도 세계인을 놀라게 한다.

조선조에 와서는 왜 그리도 당쟁이 심했을까? 세종대왕의 한글창제 반포로 그 업적은 영원히 빛난다. 한글이 있었기에 백성들이 글을 알고 역사를 알고 기록 문화는 영원하다. 당쟁의 소용돌이 속에서 임진년 왜침을 당해 7년 전쟁으로 이 나라는 초토화가 되었다. 임금님이 도성을 비우고 의주로 몽진을 가고 백성들은 굶주림과 왜군들과의 싸움에 얼마나 많이 희생되고 십여만 백성들이 일본으로 끌려가 돌아오지 못하고 일본인으로 살아가고 있지 않은가. 성웅 이순신장군의 예하 수군들의 전공으로 임진전은 7년 만에 끝나고 200년간 조선 통신사가 왕래하고 평화를 유지하게 되었다.

그러다가 조선조 말에 다시 왜침으로 국권을 강탈당하고 36년간이나 일본의 식민지로 나라마저 잃고 자원을 다 빼앗기고 한 많은 눈물로 세월을 보낸 역사가 남아 있다. 1945년 광복되어 나라는 두 쪽으로 갈렸으나 국민들의 피나는 노력으로 현대화된 과학기술로 이제 경제발전의 문명강국이 되어 이 나라의 앞날은 밝게 기대할 수 있다.

32. 건강생활

계절 따라 출발시간은 다르지만 이른 아침 걷기운동이 생활화 되었다.

금정산 고당봉 아래에서 발원하여 흘러내린 물이 온천천을 이루고 수십 년간 오수, 폐수는 정화를 안 거치고 온천천을 흐르니, 이 하천 물이 썩어 악취로 강변 주민들은 많은 고통을 겪어왔다. 하천의 오염으로 아무도 찾지 않던 온천천 둑길에 벚꽃나무를 심어 가로수로 봄이면 십리 벚꽃 길을 걸으며 화려한 풍경에 젖어본다. 오래전부터 하수관로를 묻어 오수를 관로로 분리 유입시켜 하수 종말 처리장에서 정화하여 수영만으로 흘려보내고 쌓이고 쌓인 강바닥의 퇴적물을 걷어내어 온천천 정화사업을 수년간에 걸쳐 자연하천으로 돌려주고 둔치에 잔디광장, 갈대밭, 운동시설을 다 갖추고 또한 어린이들의 수영장을 만들어 여름 한 철 어린이들의 물놀이의 낙원이 되었다. 동래지하철 아래쪽은 미남역의 지하수를 끌어다 인공폭포를 만들어 밤이면 무지개 폭포의 아름다운 전광 빛에 황홀감에 젖어든다. 폭포아래 수영장은 여름한철 피서지로 어린이들의 물놀이 천국으로 그들의 세계에 영원히 남을 아름다운 추억을 만들어간다. 안락동에서 구서동까지 아니 범어사를 향해 하천 따라 보행 길이 이어진다. 8㎞의 보행 도로와 자전거 전용도로를 만들어 주민들은 매일같이 보행으로 자전거로 운동을 한다.

우리들의 어린 시절에는 공해가 무엇인지도 모르고 아름다운 자연 속에 4계절을 보냈건만, 이제 인구의 팽창으로 도시화가 되면서 문명의 발전으로 차량과 굴뚝에서 나오는 배기가스로 공기는 탄산가스, 미세먼지, 봄이면 중국에서 날아오는 황사먼지, 스모그로 온갖 공해 물질들이 하늘을 가리어 우리들의 폐부를 답답하게 짓누른다. 하천 물은 오염되어 옛날

같이 물에 들어가 목욕하고 손발을 씻어가며 피서도 했건만 언제나 맑은 물로 돌아올 것인지? 수변 양안 갈대밭의 갈대가 오염된 수질을 자연 정화하고 아직도 계속되는 정화공사를 한참 하고 있으니 이 공사가 끝나면 맑은 하천이 이루어져 천연수가 흐르리라. 수년간의 공사로 중, 상류에는 맑은 물 흐르지만 하류에는 아직도 탁한 물로 강바닥이 잘 안 보인다. 그러나 고기들이 살 수 있으니 일 년 내내 바다에서 올라오는 수많은 숭어 떼들, 이름 모를 고기들이 물을 따라 올라 오면서 고기들도 운동을 하는지 물 위로 서로 다투어 튀어 오르고 이제 수질이 살아나니 강변에는 생물들이 살아간다. 때로는 족제비도 볼 수 있고 바다 게도 보인다. 개구리 소리가 들리니 자연은 살아난다.

봄이 오면 가을에 뿌렸던 보리와 밀 이삭이 나와 익어가는 귀한 곡물이 되어 사람들의 마음을 즐겁게 하고 둔치의 보행로를 따라 노랗게 피어난 유채화가 만발하면 어린이들 손잡고 사진 속에 남기려 셔터를 눌러댄다. 수많은 인근의 남녀노소 주민들은 잘 만들어진 도보 길에 시간 없이 나와 자기 체력에 맞추어 걷기 운동을 한다. 곳곳에 설치되어있는 운동기구들로 각자의 체력에 맞추어 운동을 한다. 운동을 함으로써 건강은 유지되고 정신은 맑아진다. 수많은 시민들은 도보 길을 걸으면서 친구끼리 정담 속에 정은 더욱 깊어가고 가다가 힘들면 많은 휴식 공간 있으니 여기 앉아 쉬면서 세상 살아가는 이야기로 그날의 피로는 다 풀리고 새로운 활력을 얻어간다. 수많은 운동기구를 활용하여 체력을 키우고 6, 70대 초로들은 건강을 지키려고 땀 흘리며 걷는 모습들을 보면 얼마나 건강이 소중한가, 한번 온 이 세상이지만 보다 건강하게 살고 가야 할 것이다. 이제 온천천 공원도로는 휴식공간으로 그나마 놀랍게도 시민들의 안식처로 변모되었다.

온천천의 회생

인류가 숨 쉬고 살아갈 하나뿐인 지구
수십억 년 자연대로 인간과 동, 식물들이
욕심 없이 자연의 순리대로 살아가는데
어쩌다 인간들의 깨친 머리 편하게 살려고
파헤치고 더럽혀 지구환경 다 망쳤다

인간의 시야 멀리 내다보지 못하고
그 옛날 푸른 물이 흐르던 천혜의 하천
언제부터 이 강물이 썩어 악취 풍기고
많고 많던 고기 떼들 어디로 다 갔는가
악취와 해충으로 근처도 못 갔던 온천천

이제야 내가 버린 잘못을 뒤늦게 깨닫고

이 넓은 천지 하수 물을 따로 모아
정화하여 내린 물에 자연은 살아나고
우리들도 건강 찾아 산책길을 걸어가며
고기 떼도 다시 찾아 헤엄치고 논다네

33. 농민들의 고통 함께 나누자

올해(2009)는 지구 온난화의 영향인가 여름 날씨가 유난히도 긴 장마에 일조량이 부족하고 기온마저 30℃(부산지방)를 오르는 날이 별로 없으니 특히 벼농사에는 나쁜 기상 조건이다. 올해의 농사는 기상의 영향으로 풍작을 기대하기 어려운 조건이었건만 농부들의 피땀 흘린 노력의 정성으로 풍년이 들어 황금빛 출렁이는 들판에 농부들의 얼굴엔 웃음꽃이 피는구나.

영농에 들어간 많은 자금을 갚고도 우리 국민들의 연평균 소득은 올려야 되는데 이거 어찌된 일인가? 시장경제의 원리라 하지만 다수확으로 많은 수익이 보장되어야 하는데 산지 쌀값은 더욱 떨어진다고 한다. 소비되지 않은 묵은 쌀이 창고를 차지하고 있으니 햅쌀을 보관할 창고마저 포화상태로 저장할 곳이 부족하다고 한다. 보릿고개를 넘긴 세대로는 꿈같은 이야기로 들린다. W.T.O. 협정에 따라 우리 쌀이 남아도 외국쌀을 의무적으로 수입해야 된다니 쌀은 더욱 많이 남게 되었다. 이제 세계는 한 덩어리가 되어 무역협정으로 국가 간의 생산품을 무역을 통해 지구상의 인류는 함께 살아간다.

TV 보도에 어느 지역의 농장에서 쌀값 제값 받기를 요구하며 수확도 안하고 트랙터로 갈아엎는 눈물겨운 광경을 보았다. 무슨 방법이 없는가? 정부에서도 안간힘을 다 하고 있는 것 같다. 연간 소비량보다 생산량이 많아 벼논을 휴경하는 농가에는 벼농사 안 짓는 대신 그 보상으로 일정량의 휴경 직불금을 지불한다고 한다. 근래의 보도에 의하면 이 직불금마저도 자격 없는 사람들(직접 농사를 짓지 않는 지주)이 받아갔다고 한다. 정작 농사지은 소작인들이 받아가야 할 몫을 지주들이 받아갔다고 얼마나 많이 신문 방송으로 보도되어 전 국민들은 다 안다. 한세상 살아가는 인생인데 왜 정직하게 살지 못하고 법마저 어겨가며 내 몫이 아닌 남의 몫을 차지하려는가? 힘없는 농민들이 시민들의 눈에는 어떻게 비쳐질까? 사람에게는 누구에게나 자기만이 아는 신앙보다 깊은 양심이 가슴 속에 앉아있다. 철면피한이 아니라면 작은 물욕에서 해방되어라. 일생을 쌓아올린 인격이 하루아침에 무너지는 것을 수없이도 많이 보아왔다.

정부에서도 남아도는 쌀을 어떻게든 많이 사들여 농민들의 고통을 덜어주려고 노력하는 모습이 역력히 보인다. 이 방대한 양을 어느 누가 한꺼번에 모두가 만족할 수 있게 일시에 해결하기란 어렵다고 본다. 돈과 시일이 요구되니 믿고 기다리는 인내도 있어야 될 것이다.

또한 시대의 변화인가? 다양한 식품이 개발되어 쌀의 소비가 많이도 줄었다. 개개인도 밥을 먹는 양이 훨씬 많이 줄어 소식을 하는 것 같다. 다른 먹을 것이 많아서도 그렇겠지만 옛날 밥그릇에 비하면 지금은 공기 밥이라 하여 밥의 양이 많이 줄어든 것은 사실이다. 소비는 적게 되고 생산량은 많으니 쌀이 남는다는 것은 당연한 이치라 본다. 쌀이 남아돈다해도 언제나 비축해서 식량안보를 지켜야 한다. 어느 때 어떤 재해로 흉년이 올지 아무도 모른다. 근세 백년간의 기상재해로 일 년 내내 비가 오지 않아 한해로 흉년이 들고 기온 저하로 벼 알이 익지 않는 큰 피해도 보고 폭풍우로 물에 잠기고 벼의 꽃이 피는 시기에 태풍으로 벼는 쓰러지고 수정이 잘 안되어 알곡보다 죽정이가 더 많아 많은 감량으로 흉작이 되고 만다. 이런 기상재해는 인력으로 막을 수 없다. 외국쌀이 들어오지만 만약 세계 쌀 생산국들에 흉작이라도 든다면 그들도 쌀값을 올리리라. 우리의 외화는 줄어만 간다. 쌀의 비축은 식량 안보를 위해서라도 필연코 해야 된다.

또한 쌀의 소비를 늘리기 위해서는 식품연구기관이나 식품가공기업에서 쌀로 만든 다양한 식품을 개발하여 밀가루로 만든 빵이나 면류들보다 값은 비싸지만 영양가로 그 가치를 높여서 많은 식료 제품을 개발하여 국민들의 간식이나 주식 대용으로 충분한 가치 있는 식품으로 소비를 이끌어내어 늘어나는 쌀을 소비시키고 쌀값도 안정시키고 농민들의 의욕도 일어나 수천 년 이어온 쌀농사를 일차 산업으로 탄탄하게 뿌리내려 우리 함께 잘 살아가는 나라가 되어야 한다.

34. 성지곡 수원지

부산의 진산. 금정산 줄기 남쪽으로 뻗어내려 다시 한 번 우뚝 솟은 백양산, 그 품안에 품고 앉은 성지곡 수원지. 부산의 인구가 늘어나고 우물물만으로는 물 부족으로 생활이 어려워간다. 일제초기 현대도시의 팽창에 따른 생활용수 공급을 위해 아름다운 성지곡 계곡입구 협곡을 막아 수원지를 만들었다. 100여 년 전부터 철도, 전기, 도로, 수도 등 국민들의 생활기반이 되는 국가기반시설의 하나로 계곡의 자연수를 댐을 막아 저수하고 정수장, 배수장 시설을 만들어 초읍동, 연지동을 거쳐 서면을 비롯한 부산시내의 공공건물과 주택들에 관로를 묻어 맑은 물을 공급했다. 수원지 조성으로 성지곡 계곡은 수많은 삼나무와 측백나무 등을 연차적으로 심고 심어

이 나무들이 자라면서 소나무와 도토리나무, 벚꽃 나무 등 많은 나무들이 입목으로 자라 하늘을 가리는 아름다운 공원으로 조성되었다.

일제 강점기시대, 수원지 조성 초기부터 수원보호를 위해 민간인들의 출입을 막는 울타리 철조망을 쳐서 일반인들의 출입을 막아 오랫동안 관리하니 아름다운 수림들이 하늘 높은 줄 모르고 자라 장관을 이루었다. 그때서야 많은 사람들이 들어가고 싶어 하는 명산이 되었다. 일제가 통제하고 관리하다가 그들이 일으킨 전쟁에서 패망하고 우리나라는 광복되었다. 일제가 물러가고 우리 부산시가 관리하고부터 광복 후의 혼란기에 나무꾼들이 몰래 몰래 울타리를 뜯고 들어가 그 시대를 살았던 사람들의 이야기로 그렇게도 많이 우거졌던 나무들이 땔나무용으로 도벌로 남벌 되었다. 참으로 안타깝고 아깝다. 이 혼란기를 지나 수원지 관리소 측에서 철저하게 민간인들의 출입을 막고부터 자연의 순리대로 무성하게 잘 자랐다. 그대로 있었다면 지금의 나무들과 함께 아름드리나무들이 온 산천을 빽빽하게 서 있으리라 상상해본다. 우리나라의 어느 산을 가도 성지곡 계곡의 입목 같은 수림대는 없으리라 본다. 부산의 심장인 맑은 공기, 맑은 물을 시민들에게 공급해주니 보배로운 수원지로 남아있다.

한국전쟁을 거치고 많은 사람들이 부산으로 모여들어 생

활의 터전이 공업화로 되어간다. 60년대부터 부산의 요지에 큰 공장들이 들어선다. 이 공장들에 공업용수를 공급하면서 식수를 중단하고 공업용수를 공급한다. 70년대부터 성지곡 수원지가 공원화 되고 시민들의 출입이 해제되어 휴일이면 시민들이 인산인해를 이루며 찾아든다. 이름마저 어린이 대공원으로 바꾸고 회전열차, 회전비행기, 회전목마 등 온갖 어린이들의 놀이 시설을 만들어 편리하고 놀기 좋은 부산시민들의 휴식공원을 제공해준다.

봄이 오면 메말랐던 나뭇가지들에서 새싹이 움트고 첫 화신으로 3월 하순부터 벚꽃 봉우리가 부풀어 오른다. 4월 초순부터 벚꽃들이 피기 시작하여 5, 6일후에 만개하면 벚꽃 구경하러 찾아든 시민들의 얼굴이 화려한 꽃 색상에 물들어 가는 것 같다. 아름다운 벚꽃 길을 걸으며 바람결에 날리는 꽃비를 맞으며 끝없이 걸어가는 시민들의 환호성이 참으로 평화롭고 행복해 보인다. 온산천 계곡들에 벚꽃으로 장관을 이루어 이 순간을 놓치지 않으려는 시민들은 그 화려함에 탄성을 지르고 산새들이 지저귀는 노래 소리에 별천지에 온 것 같은 즐거움에 쌓여있다. 피로는 달아나고 가슴 부풀도록 향기로운 공기를 마음껏 마시고 생활에서 쌓인 피로는 다 풀리고 인생 삶의 행복을 느꼈으리라. 여름이면 하늘이 보이지 않는 숲속의 산책길을 걸으면서 무더위에 지쳤던 육신들은 시원하게 불어오는 산바람에 가슴속까지 시원하다네. 가을이면 잡목들이 단풍이 들어 곱게 물들어 그 아름다움을 자랑하고 낙엽이 되어 황금 길을 만들어준다. 낙엽 길을 따라 걸어가면 하늘을 나는 산새들이 아름다운 목소리를 서로 경쟁하는 울음소리에 자연의 신비로움에 심취하여 온갖 번뇌, 망상을 다 내려놓고 한순간이라도 편하게 앉아 평온에 젖어본다. 눈앞의 높은 나무들에서는 다람쥐, 청솔모들이 솔방울을 따서 씨 발라 먹고 머리 위에 떨어뜨린다. 청솔모는 솔씨 뿐 아니라 산새들의 알마저 훔쳐 먹는다고 하니 새들의 번식이 줄어들 것 같다. 자연을 해치는 동물이구나. 겨울이면 건강을 위해 등산객들이 울긋불긋 등산복에 이 산을 오르내리며 일 년 열두 달 그칠 날이 없고, 수많은 시민들은 백양산의 곳곳에 솟아오르는 생수 약수물이 좋다고 물통 짊어지고 샘물을 찾아 한통씩 받아지고 빠질 날 없이 오르내린다.

백양산 정상에 오르려면 산중 휴식 터에서 어느 길로 가나 빠른 걸음으로 숨 가쁘게 4, 50분은 걸어올라 가야한다. 해발 600m가 넘는다는 정상에 오르면 시야가 확 트인다. 동남으로 대한해협 건너 태평양으로 망망대해 끝없는 전망에 가슴이 후련해진다. 때로는 현해탄 저 멀리 일본 대마도가 손에 잡힐 듯 가깝게 보인다. 서쪽으로 김해의 대평원 국제공항을 뜨고 내리는 비행기가 많은 사람들의 여행에 빠른 교통수단을 제공해주고 낙동강하구의 국가산업공단에서 많은 상품을 제조하여 옆에 있는 부산 신항에서 컨테이너 무역선에 실어 전 세계로 수출하여 이 나라의 경제발전에 일조를 한다. 북으로 돌아보면 낙동강이 물결 출렁이며 천삼백 리를 흘러오면서 유역의 평야들을 옥토로 만들어 우리의 먹을거리인 쌀을 생산하고 수많은 과일, 채소들을 공급해주는 젖줄이로다. 선사 이래 이 강물은 수많은 역사를 안고 흘러왔다.

35. 회귀(回歸)

광대한 우주, 별들의 운행원리는 빈틈이 없다. 태양계의 작은 별 지구, 이곳만이 땅이 있고 공기가 있고 물이 있고 온갖 생물들이 살아가는 넓고 넓은 우주 속에 하나뿐인 지구별이구나. 지구의 생성은 수십 억 년 전 태양에서 떨어져 나와 수 억 년 동안 불덩어리가 식어가며 천지개벽이 수없이 일어났으리라. 생성 이래 대폭발로 지각변동이 일어나 깊은 골 낮은 땅에 물이 고여 바다가 되었다. 그 넓고 넓은 바다에는 수많은 어류들의 서식지가 되어 물때 따라 떼 지어 몰려다니며 먹이 따라 생존해간다. 지상의 높은 산, 깊은 계곡, 나무와 잡초들이 지천으로 자라 꽃피우고 열매 맺어 많은 종의 산짐승들의 먹이로 자유천지 광야에서 배불리 풀을 뜯어 먹고 뛰고 날고 그렇게 야생의 동물세계에 수십, 수억 년을 살아왔으리라. 하늘이 내린 순리인가. 자유롭게 살아가는 초식 동물들에게는 악마 같은 육식 동물인 사자와 호랑이, 표범 등이 왜 생겨났을까? 평화롭게 살아가는 광야에 사자, 호랑이들이 그들의 생존을 위해 초식 동물을 잡으려고 뛰고 도망가고 대 광란이 일어난다. 송곳 같은 어금니와 낚시 바늘 같은 발톱, 억센 앞발로 덮친다. 포효하는 맹수들의 위력에 꼼짝없이 잡혀 먹히니 매정한 동물의 세계다. 아마도 생태계의 균형을 유지하기 위해 조물주가 내린 섭리인가 보다.

인류 탄생의 원천은 그 언제인지 수억 년의 진화 끝에 직립으로 걷고 뛰고 지혜가 생겨 짐승같이 떠돌며 수렵으로 천렵으로 나무 열매를 따서 먹고 추위와 더위를 피해 유랑으로 살다가, 어느 땐가 한자리에 정착하여 땅 파고 씨 뿌리고 짐승을 가두어 키우는 지혜가 생겨 한곳에 정착하여 원시의 농사로 살아간다. 고대 인류 생존의 역사다. 유사 이래 역사 속에 남은 유적에서 사람들이 살아온 흔적으로 고대 인류가 살아온 역사를 20세기 문명인들이 다 밝혀냈다. 평온의 지상에서 사람들과 동·식물들이 공존하며 살아가라는 거역할 수 없는 우주로부터 받은 태초의 진리대로 평화롭게 살아간다.

지구별 24시간 한 바퀴 자전하면서 낮이면 밝은 햇빛 아래

생존을 위해 일하고 밤이면 어두워 일을 못하니 편안하게 쉬게 하는 일주야의 조화도 신비롭지만 자전하며 태양을 중심으로 한 바퀴 돌아가는데 365일이 걸린다. 적도를 중심으로 북회귀선까지 태양이 올라가면 북방구는 낮이 길어 여름이 되고, 반대로 남방구는 겨울이 된다. 태양이 남쪽으로 내려가면 북방구는 해가 짧은 겨울이 오고 북극에는 해가 없는 밤이 계속 된다. 남방구는 여름이 온다. 또한 남극에는 해가 넘어가지 않는 백야가 온다. 이 지구의 공전에 따라 온대 지방에는 춘하추동 4계절이 나타난다. 지구가 태양을 따라 공전하고 자전하면서 돌고 도는 자연 현상에 따라 봄이 오면 메말랐던 나뭇가지에 새싹이 움트고 꽃피고 잎이 피어 새 옷으로 갈아입고 따뜻한 봄바람에 잠들었던 생물들이 잠깨어 살아갈 길에 바쁘게도 움직인다.

하늘에는 남쪽으로 멀리 날아갔던 여름 철새들이 이 땅을 찾아오고 겨울 철새들은 그들의 고향인 북쪽 나라로 날아간다. 강물에는 바다멀리 떠나갔던 연어와 황어들, 수년간 바닷물에서 살찌워 한 생명 마치려고 치어에서 살았던 민물 고향 하천으로 돌아와서 그들의 종족 많이도 번식하고 한세상 마치니, 자연의 조화가 어김없이 움직이는 알 수 없는 신비감에 젖어본다. 이제야 사람들의 지혜가 밝아 어류들의 회유하는 일생을 다 밝혔다 한다. 연어들의 일생을 그려보면 맑고 맑은 민물 하천에서 알을 까서 새끼로 자라 고향냄새 품어 안고 그들이 살아갈 바다로 나가 멀고 먼 수만리 헤엄쳐서 북태평양 베-링해에서 4~5년을 살다가 그들의 일생을 마칠 때가 되면 태어난 고향을 찾아 멀고 먼 수만리 길도 없는 바다를 무슨 재주로 찾아오는가? 신비롭게만 느껴진다. 고향 하천을 찾아 온몸을 흔들면서 민물 따라 알을 낳으러 올라가는 모습은 고기지만 애처롭게 보인다.

또한 멀리 북극권의 하천에서는 알을 낳으러 수십, 수백만 마리가 떼 지어 올라가는데 이게 웬일인가? 곰들이 나타나서 사정없이 잡아먹으니 먹고 먹히는 동물의 세계가 바로 이런 것이구나. 연어들은 바다에서 작은 고기를 잡아먹고 살다가 일생을 다해 가면 처음 태어난 민물 고향을 찾아와서 알을 낳고 일생을 마치려고 올라오는데 중도에서 곰을 만나 억울하게 죽어가지만, 곰은 포식하여 두꺼운 가죽아래 지방질을 채우고 찾아오는 추운 겨울을 동면하려니 생존의 욕망인가? 자연의 순리인가? 그저 신비로운 세계임에는 틀림이 없다. 이제 사람들의 지혜의 발달로 우리나라만 보아도 강원도 오대천을 올라오는 연어들을 그물로 잡아 알을 채취하여 인공으로 부화시켜 바다로 돌려보내니 연어의 자원은 많이도 불어났으리라.

36. 복천동 고분군

동래를 감싸 안고 있는 마안산 아래 남쪽으로 길게 뻗은 구릉지대, 여기가 동래 복천동 고분군으로 불과 20여 년 전만 해도 이 구릉지대 일대가 서민들이 살아가는 무질서한 주거지역이었다. 언제부터인가 이곳에 고분군이 발견되어 동아대학교 박물관, 부산대학교 박물관에서 수년에 걸쳐 고분을 발굴 조사하여 수많은 유물들이 출토 되었다. 많은 유물을 진열 전시하려고 현지에 부산시에서 복천박물관을 세워 4, 5세기 전의 귀중한 유물을 진열, 전시하고 있다. 고분 현장을 보니 수많은 토기와 철기, 갑옷, 창, 칼 등이 발굴 당시 그대로 진열되어있다. 박물관에 진열된 출토품에서 가야시대의 생활문화를 알 수 있다. 밑받침 없는 둥근 큰항아리, 수많은 모형의 토기류, 토기류의 받침대, 1,500년 전에 살았던 사람들의 토기는 제조 기술이나 멋을 낸 갖가지 제품 디자인이 대단히 발전했다. 김해, 함안, 경주에서 출토된 토기들과 비교 전시했는데 모형이 같고 큰 차이가 없다. 그 당시 어떤 교통수단을 이용했을까 궁금하다. 함안, 경주, 김해가 그렇게 가까운 거리가 아닌데 그곳 제품들이 여기에서 나왔으니 많은 교역이 있었는가 보다. 특히 여기서 중국 청자 술잔이 나왔고 일본의 토기가 함께 출토되었으니 벌써 1,500여 년 전부터 중국과 일본으로 물품 교역이 있었으니 바다를 넘나드는 배들의 모습을 상상해 보며 무역상들의 활동과 당시의 생활상이 상당히 발전된 것 같다.

특히 삼발 솥은 청동 제품으로 지금까지도 깨끗하다. 그런 형태의 솥으로 밥을 지어먹고 살았으니 상당히 수준 높은 문화생활을 한 것 같다. 동래의 넓은 들이 논으로 개발되어 온천천의 강물로 벼농사를 짓고 정착 생활을 했는가 보다. 귀고리, 목걸이, 옥제품, 금관 등 많은 장식품이 나왔으니 아직도 선명한 황금색 관을 쓰고 어떤 왕조세력이 동래를 지배했는가? 수많은 철제품의 농기구, 쇠스랑과 낫 등이 지금 것과 별반 차이가 없다. 나무로 만든 밭을 가는 쟁기 끝에 보섭이란 철제품을 끼워서 밭을 간다. 1,500년 전 쟁기로 소가 끌고 밭을 갈고 농사짓고 살아온 모습이 역력히 보인다.

철제품 중에는 무기류가 많다. 창, 칼, 화살촉, 갑옷, 투구, 말의 목가리개, 허리 가리개 등 수많은 무기류 지배자의 칼인가? 큰 칼은 아직도 손잡이 장식이 선명하게 남아있다. 이 칼은 경주의 출토품과 같다고 한다. 조금 작은 칼은 전쟁 때 병사들이 사용한 칼인 것 같다. 녹슨 철제품이지만 보존처리를 잘하여 그 형태는 완전히 알 수 있다. 부엌용의 작은 식칼과 무슨 용도에 썼는지 알 수 없는 여러 종류의 철구류, 특히 불에 달군 철제품을 집는 집게는 지금 것과 동일하다. 군사용

말인가? 말을 보호하기 위한 말 얼굴 가리개, 발걸이, 재갈 등 기마병을 보호하기 위한 갑옷투구, 목 가리개, 허리 가리개 등 수많은 무기류에서 보는 대로 싸움터에서 적의 창칼, 화살에 방호용으로 사용했으니 불편은 하겠지만 생명 보호에 당시로서는 완전무결해 보인다. 내 영역을 지키려고 옛날이나 지금이나 군사력이 강해야 내 땅을 지킬 수 있다. 또한 교통 수단으로 말을 타고 다니거나 도로가 있었다면 수레를 끌고 다녔으리라. 철광산을 개발하여 철광석을 채취하고 제련, 주물, 단조, 제품, 기구 제작기술이 언제부터 시작되었는지는 확실하지 않지만, 철은 문명의 기초였기에 미루어 인류의 문화생활은 수천 년은 된 것으로 유추할 수 있을 것이다.

37. 민족이 남긴 문화유산

이 땅에 살아가는 우리의 인생. 조상이 자리 잡고 터를 이루어 대대로 살아가는 고향의 땅, 영겁의 세월 속에 종족의 대를 이어 농경시대를 열어 풀뿌리 뒤엉킨 황량한 벌판에 원시의 도구로 피나게 파헤쳐 언제부터 곡식을 심어 정착했는지 수천 년 전부터 농토를 일구어 살아왔는가? 천년 이래 한 핏줄 일가라는 가계를 이루어 문명의 싹이 트니 배워야 산다고 이천여 년 전부터 들어왔는가, 중국에서 창제한 한문글자로 인간이 살아온 역사를 돌에서 비석에서 기록으로 남겼으니 고대 우리 조상들이 살았던 흔적들을 그 기록의 해독으로 어떻게 살아왔는가를 알 수 있다. 문자의 힘이 참으로 크구나.

천 년 전 신라, 백제, 고구려 삼국이 서로 경쟁하며 문화의 꽃을 피웠지. 이 땅에 남은 문화 유적과 보물들, 신라의 서울 서라벌에는 얼마나 호화찬란한 가옥이 있었는가. 나무 때는 연기로 그 호화로운 집들이 연기에 그을린다고 멀리 산속에서 숯을 구워 난방과 취사용 연료로 사용했다고 하니 그 호화로운 생활은 짐작하고도 남겠구나. 신라천년의 찬란한 문화가 왕릉 고분에서 출토된 수천종의 유물에서 황금빛 찬란한 금관, 금요대, 금귀고리 등으로 왕족과 상류사회를 지배했던 귀족들의 생활상을 얼마나 호화롭게 살았는가를 그 많은 유물들이 말해준다. 백제문화 역시나 같은 시대를 살아오면서 천오백 년 전 무령왕릉에서 출토된 유물과 미륵사지에서 나온 장엄사리함, 금제 사리호와 금제사리 봉안기 등 천오백 년 전 그 시대의 문명사를 머릿속에 그려본다. 현대의 높은 민도의 수준에서도 저렇게 아름답고 정교한 조각을 하기 어려울 것 같은데 천오백여 년 전 금의 채취에서 제련, 그에 따른 수많은 공구들이 있어야 작품이 나오는데 당시의 기술수준이 대단히 높았으리라 본다. 만주 땅에 있는 옛 고구려의 성이나 왕릉과 장군총 등 거대한 축성술, 압록강변 집안의 광개토대왕비 그 비문에 고구려의 역사가 기록되어 있다고 한다. 고구려 왕릉 고분의 벽화에서 호화찬란하게 살았던 고구려인들의 높은 기상과 그때를 살았던 지배층들의 생활상을 짐작하며 우리 민족의 높은 지적생활이 자랑스럽다. 신라와 고구려, 백제의 삼국시대에는 돌이나 비석에 기록을 많이 남겨 먼 훗날 역사를 알 수 있는 금석 문화를 남겼다.

고려조에 와서는 세계에서 처음으로 금속 활자를 만들어 직지심경이란 경전을 인쇄하여 세계적인 인쇄문화를 꽃피워 왔다. 해인사에 국보로 전해오는 팔만대장 경판은 글자 한자 틀리지 않는 이 장경판을 몽골군의 침략을 물리친다는 서원으로, 16년간이라는 긴 세월에 글자 한자 새기고 부처님께 삼배로 온 정성 다 바쳐 새긴 각자 그 크신 노력의 공으로 완성하여 강화도에서 해인사까지 멀고 먼 길을 걸어서 옮겼다고 하니 나라의 태평을 위해 얼마나 큰 공을 쏟았을까? 팔만 글자나 되는 대장경을 인쇄하여 스님들과 신도들이 공부하여 나라의 평안을 부처님께 서원하였으리라. 세계에서도 유일한 고려청자의 아름다운 비취색은 아무도 흉내 낼 수 없는 신비로운 색상과 모형에 경탄을 보낸다. 궁중과 상류사회의 지배층들이 얼마나 호화롭고 사치스러운 생활을 했는가를 청자 유물들이 말해준다. 우리나라에는 없다는데 어떤 경로로 일본에 건너갔는가? 일본에 있다는 고려불화 관음보살 수월도는 세계적인 명화다. 한 폭의 비단에 관세음보살이 감노수를 따르는 것은 만 중생들의 아픔을 달래주고 자비를 베푸는구나. 국보급을 뛰어넘어 세계적인 불가사이라 해야 할까? 한 폭의 대형 비단 폭은 또 어떻게 직조했을까? 탱화를 그렸던 화공은 어떤 재주로 저렇게 아름다운 그림을 그려 이 세상에 남겼을까? 참 세상을 놀라게 한다. 우리 민족의 손재주와 그 정성이 참으로 자랑스럽다. 또한 학문으로 유학이 들어와 사서삼경의 학문으로 많은 백성들의 눈을 뜨게 하고 예의 도덕을 확립하여 조상과 부모의 은혜를 효행으로 보답하는 인간의 예의를 백성들의 가슴깊이 심어주고 한 조상의 후손들은 조상의 성씨를 따라 일가를 이루어 미풍양속의 아름다운 전통을 영원히 이어가리라.

역사는 흘러 태조 이성계가 조선을 건국하여 넷째임금 세종대왕은 어려운 한문을 배울 수 없는 수많은 백성들의 눈을 뜨게 하려고 이 세상에서 제일 배우기 쉬운 한글을 창제하여 갈고 닦고 다듬어 그 어느 언어에서도 다 글자로 의사를 말할 수 있는 한글(훈민정음)을 반포하여 많은 백성들이 배웠다. 수많은 문인들이 한글로 소설과 시 등 좋은 글을 남겨 많은 사람들이 재미있게 읽었으리라. 또한 일반 국민들이 생활의 기록을 남겼으니 한글의 높은 가치는 문화생활의 초석이 되었다. 글이 없는 옛날 라틴 아메리카 잉카제국의 찬란한 문화유적이 남아있지만, 어느 시대 누가 어떻게 성과 석조건축을 했는지 기록이 없으니 알 수가 없단다. 그러나 우리는 한문과 한글이 있으니 기록 문화로는 세계에 앞선다. 오백년 조선조의 왕조실록이나 많은 기록유산이 남아있으니 지나간 역사를 알고 얼마나 자랑스러운가. 사백 이십여 년 전 임진년의 왜침으로 나라의 운명이 풍전등화같이 어려웠을 때 홀연히 일어서신 이순신장군은 거북선을 만들어 남해안으로 쳐들어오는 일본 수군들을 모조리 격파하여 바다에서 재해권을 잡고 왜군의 보급로를 끊고 싸워 승리하지 않았던가? 끝내는 노량해협에서 적탄을 맞고도 부하장병들에게는 내가 죽었다는 말을 하지 못하게 하고 장병들이 끝까지 싸워 왜선을 격퇴시켰다. 그전 장군을 시기한 자의 모함으로 조정에 끌려가 죄인이 되었으나 전세의 악화로 풀려나 백의종군하시면서 한마디의 불평 없이 해전을 이끌어 최후의 승리를 거두었다. 돌아가신 후 충남 아산 고향땅에 모시고 현충사를 세워 전 국민이 추앙하고 있다. 일제 강점기와 6.25를 거친 근세의 수난의 역사도 있었지만 이제부터 잘 살아갈 길은 과학 기술이라고 본다. 많은 인재를 키워 한 사람이 천 명, 만 명을 먹여 살릴 수 있는 길을 찾아야 조국은 번영한다.

기행에서 찾은 행복

38. 경주 최부자 고가 방문

전설같이 전해오는 경주 최부자 고가를 방문했다. 고택은 목조건물로 안채가 ㄱ자 형태로 잘 지었다고 할 수 있으나 생각같이 그렇게 웅장한 건물이 아니고 앞에 정원이 잘 가꾸어져 있고 행랑채가 있고 역시 부잣집답게 쌀, 창고, 건물이 남아있다. 옛날 융성했던 시절에 있었던 건물들이 없어지고 주춧돌로만 남아있으니 그 웅대함을 머릿속에 그려볼 뿐이다. 지금은 빈집으로 관광객들이 관람하는 문화유적으로 남아있다. 부자가 3대를 이어가기 어렵다는데 최부자 댁은 어떻게 그렇게 300여년이란 긴 세월 부를 지키고 왔을까? 궁금하기도 하고 그 비결도 알고 싶었다. 행랑채 앞에 이 댁의 여러 가지 역사적 행적들을 기록해서 관광객들에게 보고 알 수 있도록 전시해 두었다. 먼저 300여 년을 지켜온 이 댁의 가훈을 설명해 보면 보다 이해가 빠를 것이다.

❁ 가 훈 ❁

1. 과거는 보되 진사 이상의 벼슬은 하지 말라.

과거를 보지 않으면 무식한 천민으로 인정받을 것 같아 과거를 보아 급제하더라도 진사 이상의 벼슬은 하지 말라. 조선조 500년 역사 속에 당쟁으로 얼마나 많은 반대파 인재들이 희생되었나. 참형 아니면 귀양살이 했던 슬픈 역사가 남아 있지 않은가?

2. 만석 이상의 재산은 모으지 말라.

한 사람의 소비 가능한 재력으로 보고 더 많은 재산을 모으려면 그 당시로써는 가난한 농민들의 전답을 사들여야 되니 반대로 더 많은 어려운 농민들만 생길 수밖에 없다. 함께 살아가기 위해서는 나만의 욕망을 버려야 한다.

3. 과객들에게 후한 대접을 하라.

과객이란 오고 가는 길손을 말한다. 어떤 사람들은 일정한 정착지도 없이 떠돌아다니는 사람들로 이들의 배고픔과 추위를 넉넉하게 도와주고 잠자리를 제공해주라 한다. 실제로 과객들을 위해 1,000여석의 쌀을 배정해 도와주었다고 한다. 나의 어린 시절까지 과객들이 있었다. 이분들은 주로 학식 있는 사람들로 지필묵을 바랑에 넣어 짊어지고 각 마을의 한문 서당을 찾아다니며 붓 등을 팔고 한문, 글도 가르쳐주고 노인들이 계시는 사랑방에서 함께 자고 식사 대접받고 다니는 사람들을 붓쟁이(붓 장사)라고 했다.

4. 흉년에는 재산을 늘리지 말라.

가난한 농민들이 흉년이 들면 우선 먹고 살아야 하니 훗날을 생각하지 않고 쌀 한, 두 말에 논 한마지기를 부자들에게 넘겨주는 뼈아픈 시절이 있었다고 한다. 이렇고 보니 가난한 농민들은 더욱 늘어날 것이다. 최부자 댁은 이런 기회를 절대로 악용하지 말고 배고픈 사람들을 도와서 함께 살아가자고 한다.

5. 며느리들은 시집올 때 은비녀 이상의 패물은 가져오지 못하게 한다.

부잣집 며느리라고 온갖 사치를 다한다면 가난한 사람들의 절망은 더욱 깊어만 간다. 절망은 패배를 낳고 패배는 더욱 깊은 가난으로 전락하여 사회혼란을 예견하고 며느리들도 가난한 사람들의 생활을 체험하게 한 것 같다.

6. 며느리들은 시집온 후 3년 동안 무명옷을 입어라.

며느리들은 시집와서 무명옷을 입고 일반농민들과 똑같이 집안 살림과 농사일을 하면서 하층민들의 살아가는 애환을 익히고 빈부의 차별 없는 사람으로 평등하게 이웃과의 정으로 사는 길을 가르치는 참다운 가정교육이라고 본다.

7. 사방 백리 안에서는 굶어서 죽는 사람을 없게 하라.

인명존중을 얼마나 소중하게 여겼는가. 먹을 식량이 없어 굶어 죽은 사람들이 있었으니 사방백리면 큰 군지역보다도 넓을 것 같은데 지역민들의 생존을 위해 많은 쌀을 나누어 주어 굶주림을 막았다고 하니 구휼정신이 얼마나 투철한가. 지금의 불우이웃 돕기와 같이 혼자서 절양 지역민들을 돌보았다 하니 그 무슨 말로 찬양해야 할까 존중할 뿐이다.

8. 파장의 물건을 사지 말고 값을 깎지도 말라.

파장물건이란 신선도가 떨어진다. 또한 값은 헐값에 판다. 때로는 손해를 보고라도 팔아야 하는 상인들의 절망, 그들에게 눈물 흘리지 말게 하라. 하물며 값은 파는 사람의 적정 이윤으로 팔아야 그들도 살아가는데 값을 깎는다는 것은 그 상인의 생존을 위협하는 폭력행위와 같으니 얼마나 아름다운 성인이나 할 수 있는 가훈이 아닌가. 거기에다 집안에서 안 보이는 바깥 쪽 길가의 쌀 창고 벽에 손이 들어갈 수 있는 구멍을 뚫어 누구든지 쌀이 떨어지면 굶지 말고 구멍으로 손을 넣어 쌀을 가져가서 끼니를 때우도록 깊은 배려를 해주었다고 한다. 일반사람들이야 상상이나 했을까? 이런 가훈을 행동으로 지키고 살아왔으니 300여년의 부의 대를 지켜온 복된 길이었다.

생활 속에서 부지런하고 근검절약하여 나누며 살아가는 이 댁의 깊은 교훈으로 300여년을 지켜온 부를 일제가 조선을 강점하고 난 후부터 종손 최준 선생께서 국내의 많은 인사들과 만나면서 백산 안희재 선생과 백산상회를 설립하여 상해 임시정부 김구선생의 독립운동 자금을 백산상회를 통해 거금을 제공했다. 이를 눈치 챈 일경에 체포되어 고초를 당하고도 발설하지 않고 많은 재산을 압류 당했다가 압류가 풀려 재산을 찾기도 하는 어려운 고난을 겪고 조국은 광복 되었다. 임정의 김구선생이 귀국하여 만나 최준 선생이 보내준 독립운동자금 사용처를 일일이 알려주시니 최준 선생이 보낸 돈과 일치하여 얼마나 김구선생이 독립운동자금을 공적으로 사용하셨는가를 알게 되어 독립운동에도 큰 공을 세우고 김성수 선생의 교육 사업에 헌신한 뜻을 듣고 남은 재산으로 영남대학을 세워 교육 사업에 받친 공로로 영원히 빛나고 있다. 이웃에 있는 향교도 둘러보고 옛날 고등교육 기관으로 많은 인재들이 공부했던 발자취를 돌아보고 왔다.

39. 선현 유적지 순례

퇴계학 회원 80명은 관광버스 2대로 2011. 5. 29.~30. 양일간 경북 영양군 일원의 민속마을을 관람하고 백암온천에 와서 스프링스 호텔에 숙박하고 30일 울진 월송정과 영덕의 인양리 전통마을과 괴시리 전통마을, 목은 이색선생의 기념관을 방문하고 고려조와 조선시대 선비들의 생활상을 상상해 보았다. 마지막으로 신돌석장군의 유적기념관을 돌아보고 귀가했다.

29일 영양군 석보면 두들 마을을 찾아 재령이씨 석계 종택과 집성촌을 보고 400여 년 전의 명문가의 영화를 느낄 수 있었다. 고건물들의 웅장함에 압도되었으며 후학을 양성한 서당을 보고 높은 교육열로 과거 급제자와 현대의 후손들이 나라의 중추적 역할을 하고 있다는 것은 오직 교육에 있었다는 것을 느낄 수 있다. 마을 앞에는 종부 정부인 장씨의 큰 비석이 서 있다. 정부인 장씨는 아들이 이조판서까지 올랐으며 가문을 일으켜 자신의 학문과 교육열이 대단하여 후손들을 교육시키고 우리나라에서 70세에 처음으로 음식 디미방을 써서 146가지나 되는 음식 만들기와 보관법을 저술하여 가르치며 대대손손 보존하라고 하였으며 그 생활상을 느낄 수 있었다. 3~400년이 넘은 고건물들이 즐비하게 서 있는 전통 마을이다.

현대문학가 이문열 선생의 생가를 방문했는데 마침 선생께서 집수리를 하고 계셨다. 일행을 반갑게 맞이해 주시며 안내도 해주셨다. 다음으로 애국시인 연안 오일도선생의 생가를 둘러보고 선생은 일재시대 시원을 창간하여 지역문인들을 이끌었으며 마을 앞에는 시비 동산이 있다. 선생의 지도를 받은 유명한 조지훈시인도 이곳 주실 마을 출신으로 선생의 생가 호은종택을 방문했다. 종택의 정면으로 문필봉이 있다. 그래서 유명 문인이 탄생했는가? 아래쪽에 조지훈 문학관이 있다. 문학관은 장방형 ㅁ자형의 큰 목조 건물로 선생의 일생의 작품들이 전시되어있다. 그 외 월록서당을 돌아보고 그 옛날 이오지 산골마을에 후학양성을 위한 교육학당으로 젊은 세대들을 교육시켰으니 수많은 급제자와 인제들이 탄생할 수 있는 환경이었다.

또 하나 서당현판은 영의정 채재공의 친필이다. 낙천정은 봉화금씨의 정자로 처음은 학생들을 강학하던 곳이라 한다. 현판글씨는 이시영부통령의 친필이다. 모든 고건물들이 문화재로 국가기념물로 지정되었지만 오래되어 퇴락해가니 그 옛날 선인들이 살아온 발자취를 상상해 보았건만 세월의 흐름에 고건물들이 퇴락되어가는 것을 막을 수 없어 안타깝구나. 금경연화백의 기념관에 가서 선생의 유품과 그림들을 관람했다.

이로써 오늘의 관람을 마치고 백암온천을 향해 달려갔다. 얼마나 높고 험한 고갯길인지 구불구불하여 멀미가 날 지경이다. 정상고개 구주령에 오르니 해발 500m도 더 되는 높은 고갯길이다. 여기서 잠깐 내려서 쉬면서 사방을 보니 아득히 뻗어 내린 산맥과 산세의 경치도 너무나 아름답다. 깊은 골이 아득히 보이니 참으로 높은 고개다. 이제부터 내리막길을 얼마를 달려갔는지 목적지 백암온천 지역이다. 이 깊은 산중에 현대식 온천 호텔들과 작은 시가지가 보인다. 스프링스 호텔에 방을 배정받아 여장을 풀고 식사 후 뜨거운 온천탕에서 여진을 풀고 각자 배정된 방에 와서 인사를 나누고 쉬다가 취침에 들어갔다.

30일 아침 7시 30분에 식사하고 오늘의 여정에 들어갔다. 백암온천을 떠나 울진군 평해면 월송리 월송정이다. 관동8경의 한 곳으로 신라 화랑들이 선유했다는 곳이다. 많은 시인 묵객들이 찾아온 곳으로 고려 때 창건하여 연산군 때 중수했다한다. 오랜 해풍에 퇴락하여, 일본군들이 해체한 것을 1969년에 재일 교포들이 신축했으나 원래모습과 맞지 않아 해체하고 1980년 7월에 현재의 모습으로 26평의 정자를 복원하고 현판은 최규하 대통령의 친필휘호다. 인양리 전통마을은 경북 영덕군 창수면 인양리 전통마을로 수백 년 된 고건축물들이 한 마을을 이루고 있다. 1615년 광해군 때 마을 향약을 만들어 1677년과 1927년에 시대에 맞게 수정하여 현재에 이르고 있다고 한다. 이 마을은 임진왜란과 병자호란 및 3.1독립운동에 이르기까지 많은 의병들이 구국에 앞장섰으며 현재도 현대와 전통마을로 공존하고 있다. 용암종택 선산김씨 종택으로 어느 종가와 비슷한 건축구조다. 큰 목조건물로 당시 유교사회의 사대부가에서 최대한 생활에 편리하도록 설계하여 지은 목조건물이다. 너무나 오래되어 고풍스러움이 역력히 보인다. 삼벽당은 영천이씨 이중량의 종택으로 어지러운 세파에도 송죽같이 절개와 지조를 지킨 선비정신으로 오늘에 이르고 있다. 길암종택 이현보선생의 종택으로 재령이씨 영해파로써 임하댐 수몰로 이곳으로 이건했다 한다. 고 목조건물을 큰 손상없이 이곳으로 이건 재건축했으니 후손들이 선대의 위업을 계승하려는 정신이 대단히 높다고 느꼈다. 우계종택과 충효당을 돌아보고 괴시리 전통마을로 갔다.

괴시리 마을에도 수많은 고건물들이 한마을을 이루고 있다. 고건물이 있는 곳마다 문 앞에 문화재로 지정된 안내판이 세워져 있다. 참으로 안타까운 것은 사람이 살지 않는 빈집들이 더러 있다. 옛 영화를 모르고 쓸쓸히 서 있으니 시대의 변천에 따라 후손들이 도시로 국외로 나가 인류 사회에 봉사하고 있건만 선대가 살아온 고향집들이 퇴락되어가니 어찌하랴. 안타깝고 아까운 마음이 들지만 시대에 발맞추어 살아야만 출세도 하고 소망도 이루리라. 수많은 고건물이 남아있는 마을을 보고 그 옛날 전통을 지키고 부를 누리고 살았으리라 본다. 목은 이색 선생유적지. 한산이씨 목은 이색선생은 고려조 말엽 이 마을에서 태어나신 정치가 학자 대문호이시다. 26세에 급제하여 62세에 한산부원군 영예문 춘추관까지 올라 나라에 봉직하고, 노년에 남한강 연자탄에서 돌아가셨다. 성리학을 진작시킨 대학자로 6,000여수의 시문을 남기고 고향의 풍습과 문화를 알 수 있는 시가가 20여수나 있으니 일생을 얼마나 고향을 사랑했나를 알 수 있으며 이에 고향에 유적지를 조성하여 선생의 유품을 전시하고 있다.

신돌석 장군의 유적기념관. 본관이 평산신씨로 한말 일제의 마수가 이 땅을 유린할 때 19세 젊은 나이에 의병장이 되어 100명의 의병으로 동해안 일대의 일본 관헌들을 격파시키고 서울로 진격하기 위해 13도 의병연합을 결성 하려고 경상도를 대표하여 1,000명의 의병을 이끌고 양주로 집결하여 재편 과정에서 평민이라 제외되었다. 장군은 가는 곳마다 일군과 싸워 큰 전과를 세웠다. 그러나 평민출신으로 양반 유생들에 밀렸다. 겨울이 되어 의병들을 해산시키고 봄을 기다리다가 1908년 불행하게도 믿었던 부하 김상열 형제에게 타살되었다. 1962년 건국훈장 대통령상이 추서되었다. 유적기념관에는 장군이 사용하던 무기 칼과 총 등이 전시되어 있다. 이로서 2일간의 전통마을 유적지를 순례하고 18시 부산에 도착하여 해산했다.

40. 설악산

1990년 8월 하순, 생애 처음으로 가족과 함께 설악산 여행을 다녀왔다. 강릉행 열차를 타고 강릉까지 가서 설악산 행 버스로 하루 종일 차속에서 차창 밖의 산하를 구경하면서 설악동에 도착했다. 내일의 첫 산행을 그리면서 일찍 여관 촌에서 자고 설악동 소공원을 출입 후 올라가는데 왜 그리 아침부터 비가 오는지, 처음 가보는 설악산을 설레는 마음으로 산세의 아름다움을 그리면서 갔는데 비로 인해 첫 여행길을 다 망쳤다. 안개가 끼어 잘 보이지도 않고 우의를 사 입고 울산바위 쪽으로 가서 흔들바위 보고 내려와서 케이블카를 타고 권금성에 올라갔다. 사방을 보니 안개가 걷힌 곳의 산을 약간씩 볼 수 있고 시야에 들어오는 묘한 바위산들과 속초와 동해 바다를 볼 수 있었지만, 안개 때문에 처음으로 간 여행길이 엉망이 되고 말았다. 비와 안개 때문에 더 이상 머물 수 없어 설악동으로 내려와서 양양을 거쳐 오색온천으로 갔다. 어느 식당에서 저녁을 먹으면서 식당주인 아주머니와 이야기하는데, 고향이 부산 영도라고 하여 나도 동래 사람이라고 했더니 고향 이야기를 나누면서 더욱 친절하게 설악산 사계절의 아름다움을 설명해 준다.

가을 단풍이 절정일 때는 그 화려한 색상에 만물이 단풍의 색상 속으로 물든다고 한다. 여관에서 자고, 아침 일찍 주전골 깊은 계곡의 맑은 물과 물 흐르는 소리를 들으며 이른 시간에 아무도 없는 계곡으로 산행을 하였다. 길은 철 계단 등으로 잘 정비되어 그리 힘들이지 않아도 되었다. 안개가 걷히면 이름 모를 아름다운 봉우리들이 그 위용을 나타내니 신비로운 자연의 조화라고나 할까? 용소 폭포까지 가서 구경하고 내려와 유명한 오색약수물을 떠 마시고, 물맛이 탄산수라 사이다 같이 톡소는 맛을 처음으로 마셔보니 약수를 먹는 기분이다. 식수로 물병에 한 병 담고 상가에서 산나물을 사서 배낭에 넣어 짊어지고 서울행 버스를 타고 한계령을 넘어왔다.

오늘은 날씨가 맑아 한계령 깊은 계곡의 자연을 차창 밖으로 보면서 인제를 지나 신남의 소양강 선착장에서 배 시간을 기다리면서 젊은 사람들을 만났다. 그들은 7, 8명이 전국을 자전거로 서울을 출발하여 서해안으로 내려와 목포를 거쳐 부산으로 와서 동해안 길을 따라 설악산 한계령을 넘어 소양강 신남 선착장에 왔다고 한다. 자전거 여행길의 이야기를 듣고 젊은이들의 건강한 모습에 희망이 넘쳐 보인다. 철원까지 자전거로 갔다 온다니 젊은이들의 용기에 박수를 보냈다. 배를 타고 소양호로 나오다 양구 다리 아래서 배가 갑자기 고장이 나서 물 위에 배를 세우고 고칠 때까지 30여분 기다렸다. 배가 물에 빠지지는 않겠지만 지루하고 걱정도 되었다.

다 고치고 다시 출발하여 설레는 마음으로 호반을 구경하면서 내륙에 바다 같은 큰 호수로 나와 소양호 댐 선착장에 도착하였다. 소양 댐과 호수를 구경하고 춘천으로 나와 고속버스로 귀가했다.

2번째 설악산 여행은 부산 문화 관광버스를 예약하고 바로 설악산으로 가서 자고, 다음날 천불동 계곡을 오르는 도중 금강굴에 올라갔다. 금강굴에 오르는 철 계단이 너무나 가파르다. 뒤돌아보니 현기증이 날 정도다. 어찌 바위 속에 자연동굴이 생성되었는지 10여 명이 앉을 수 있는 제법 넓은 방같이 부처님도 모셔놓고 어느 도사 한분이 가벼운 기념품도 판다. 뜨거운 여름날이라 목이 말라 갈증이 나는데 신기하게도 바위 동굴 속에 방울방울 물이 떨어진다. 이 물을 병에 받아 모아 굴을 찾는 관광객들에게 목을 적시게 해 준다. 정말 오염이 안 된 하늘에서 떨어지는 천연 약수다. 설악산 지도가 그려진 손수건을 한 장 샀다. 금강굴에서 바라본 천불동 계곡의 아름다운 산세는 수많은 계곡과 기암의 바위산들과 우거진 푸른 숲속이 어우러져 살아있는 자연의 보고가 아닐까? 여름날의 찬란한 태양빛에 일렁거리는 수림들은 이름 그대로 천불을 모신 계곡이다.

금강굴에서 천불동의 원경을 구경하고 계곡을 흐르는 푸르다 못해 옥색 같은 맑은 물이 소에 고여 맑은 물에만 산다는 고기들을 보면서, 사람들이 오염시키지 않는다면 저렇게도 아름다운 자연의 선물을 우리 가슴에 안겨 주리라. 가파른 철계단을 내려와서 대청봉을 향해 오르다가 양폭 산장까지 갔지만 귀로 시간이 늦을 것 같아 도로 내려와 케이블카로 권금성에 올라갔다. 이번에는 날씨가 좋아 동해 바다와 울산바위, 마등령, 대청봉 쪽을 한 바퀴 돌아보며 구경하고 내려와서 남쪽으로 비룡 폭포가 있는 곳까지 갔다. 그리고 소공원 일대를 관광하고 식사 후 여관에 와서 자고 다음날 일찍 버스로 속초 시내를 돌아 귀가했다.

41. 불영 계곡 주왕산

1991년 8월 태풍으로 2, 3일간 폭우가 내려 많은 수해가 났다는 뉴스를 보았다. 9월 10일 여름날의 한더위는 지나고 맑고 맑은 날씨가 계속되어 여행하기에 너무나 좋았다. 이번에는 불영 계곡과 무릉 계곡 쪽으로 가기로 하고 아침 일찍 시외버스로 출발하였다. 경주를 지나 넓은 안강평야를 옆으로 하고 가는데, 태풍 때 얼마나 많은 비가 왔는지 도로가의 가로수에 붙은 쓰레기들이 버스 키보다 더 높은 가로수에 걸려 있다. 저 넓은 안강평야가 호수가 되었겠구나. 형산강 협곡으로 물이 미쳐 못 빠져 벼논은 큰 수해를 입었다. 인력으로 막을 수 없는 천재라 농민들은 수해를 자주 입는 것이 안타까웠다.

포항, 영덕을 지나 울진에서 내렸다. 성류굴과 불영 계곡. 불영사를 구경하려고 갔는데 여기에도 많은 폭우로 성류굴이 물이 차서 관람이 금지되고 계곡도 강 쪽으로는 도로가 다 무너져 버스길도 끊겼다. 여기까지 와서 되돌아갈 수 없어 더 북상하려 해도 계곡마다 수해로 길이 끊겨 갈 수 없다한다. 불영 계곡은 강 쪽은 다 무너지고 산 쪽으로 겨우 택시 한 대가 지날 수 있다하여 택시를 대절하여 계곡을 올라가면서 구경하고 불영사까지 가려했으나 도로가 유실되어 더 못 간다고 한다. 중간의 도로 준공기념비 앞에 내려 쉬면서 계곡이 너무나 아름답다. 택시기사의 안내를 받으며 억만년 세월의 풍화에 깎인 계곡의 바위들이 맑은 물과 어울려 그림같이 아름답다. 푸른 물이 고여 있는 소(웅덩이)에 뛰어들고 싶다.

송림이 우거진 양쪽의 산세도 아름답지만 그보다 이곳은 송이버섯의 자생지로 버섯 채취 기간에는 농민들(조합원) 외는 산에 들어갈 수 없다한다. 수확기에 송이버섯을 채취하여 이곳 산림조합에서 수매를 한다고 한다. 한 철의 송이버섯 수확으로 그 수입이 20억이 넘는다고 한다. 자연이 주는 선물이 이 지역 농민들에게 크나큰 혜택을 주는구나. 내려오면서 중간 중간 볼만한 곳에 내려 구경하고 사진으로 남겼다. 사람 없는 외로운 산골 20여㎞를 돌아보고 울진으로 나왔다.

내일은 청송 주왕산으로 가기로 하고 영덕행 버스에 올랐다. 영덕에 와서 다시 청송행 버스로 주왕산 입구 상가촌에 내려 초행길이라 여관을 찾았으나 여기는 여관이 없다. 민박집이 있어 방을 정하고 하루를 쉬고 아침 일찍 주왕산 계곡으로 올라가면서 길 양쪽 옆으로 늘어선 거대한 바위산들, 제1폭포, 제2폭포, 제3폭포를 향해 오르는데 얼마나 오랜 세월 풍화에 깎였는가? 길옆으로 흐르는 물이 폭포를 이루고 겨우 사람이 지나갈 수 있는 계곡길, 철다리와 계단으로 관광객들의 산행에 편리하게 시설들이 잘 설치되어 있다. 이 좁은 길의 양쪽 옆의 바위협곡은 억만년 흘러내린 물의 힘으로 이렇게 길이 뚫렸으리라. 협곡을 지나 조금 올라가니 유명한 제3폭포가 나온다. 제3폭포는 2단 폭포로 비가 온 뒤라 풍부한 수량으로 일단을 흘러 이단으로 떨어지면서 물보라를 일으키고 떨어지는 굉음은 자연이 주는 신비의 소리로 들린다. 소가 얼마나 깊은지 바닥이 안 보인다. 물에 깎이고 마모된 돌들이 장난감 같이 가지고 놀고 싶을 정도로 매끄럽고 아름답기만 하다. 자연이 만들어준 신비로운 폭포를 바라보고 여기도 일찍 갔으니 관광객들이 안 보인다.

몇 장의 사진을 찍고 가족사진을 찍으려니 삼각대는 없고 돌을 모아 올려 카메라를 자동으로 조정하고 폭포를 향하여 한 장의 사진을 찍었는데 아래서 위로 보고 찍었으니 사람 키가 폭포보다 더 높다. 쏟아지는 물소리에 세상만사 번뇌를 다 잊고 선경에 들어간 듯 쉬었다. 다시 올라가니 이제야 많은 사람들이 들어온다. 그들을 따라 한참 올라가니 넓은 밭이 있고 농사짓는 사람이 살고 있다. 이 집에서 차 한 잔 마시고 이곳의 물 좋고 공기 좋은 천혜의 자연 속에서 밭작물을 재배하고 있는 것이 신선같이 아름답게 보였다.

정상까지 갈 수 없어 내려오면서 주왕굴을 구경하고 정류소에 와서 달기약수터로 갔다. 달기약수물이 위장에 좋다고 소문이 나서 한 잔 마셔보니 탄산수라 사이다 같이 톡소는 맛이다. 물을 많이 마시려고 엿을 옆에서 판다. 엿을 먹으면 속이 달아 물을 많이 마실 수 있다고 하여 엿을 먹고 물을 또 마셨다. 10L짜리 물통을 하나 사서 한통 받아지고 정류소에 나오니 농민들이 고추와 기타 농산물을 팔고 있다. 고추 한 포대(3kg)사서 청송으로 나오니 부산행 차가 없어 영덕으로 나가 부산행 버스로 늦은 시간 귀가했다. 그 후 약수 뜨러 달기까지 여러 차례 다녔다. 효과가 있는지는 아직도 모르겠다.

42. 지리산 대원사 계곡

1992년 여름, 지리산 대원사 계곡을 1박2일로 산행을 갔다. 북에는 백두산, 남에는 지리산. 조국을 지켜온 영산이다. 산청군 시천면 여기서 부터가 지리산, 지역 3개도(경남, 전남, 전북)를 품에 안은 광대한 명산이다. 저 멀리 조선시대 나라의 근간이 되었던 성리학(유학)의 양대 산맥인 경상좌도의 퇴계 이황선생의 학맥과 경상우도의 남명 조식선생의 학맥이 이어온 산천재, 덕산재, 덕천서원, 뇌룡정 등 남명 조식선생을 추모하는 재실과 유적들이 이곳 주위에 남아있다. 남명 조식선생은 대유학자로 퇴계선생과 쌍벽을 이루어 성리학을 완성하고 학문연구와 제자들 양성에 전심전력을 다 받쳤다고 한다. 나라에서는 명종 임금이 벼슬길에 나와 국사를 돌보기를 간청했지만, 벼슬길을 사양하고 학문에만 전념하신 대학자로 많은 제자들이 따랐다고 한다. 한강 정구선생은 퇴계선생의 제자로 또한 남명선생의 제자로 양대 성리학의 정통을 이어온 영남 유학의 대가이시다. 남명선생은 지리산을 여러 차례 등정하셨다고 하며, 산천재에서 지리산 천황봉을 바라보며 오직 학문의 길로 제자들 양성에만 정성을 다 바쳤으니 오백년이 지난 지금까지 아니 영원이 국민들의 추앙을 받으리라.

어머니 품속 같은 광대한 지리산이 광복의 기쁨도 잊고 대한민국 건국을 앞두고 냉전의 소용돌이가 밀려왔다. 공산주의 사상에 물들었던 좌익 세력들이 이 산에 숨어들어 나라의 치안 질서를 파괴하고 민생을 괴롭혔다. 좌익사상에 물들었던 군부의 일부가 반란을 일으켜 여수, 순천 지역을 장악하고 민생을 도탄에 몰아넣었다. 이에 정의의 깃발을 앞세운 국군들의 토벌작전에 밀려 지리산으로 숨어들어 이 지역을 그들의 천지로 만들어 민생은 대혼란이 일어났다. 이런 와중에 1950년 6월 25일 한 여름에 북한 인민군들이 쳐내려와 이 나라의 국운이 바람 앞에 등불과 같았다. 미군의 긴급출동과 유엔 안전보장 이사회의 결정으로 대한민국을 지키기 위해 16개국에서 전투병을 파병하였다. 맥아더 장군의 인천상륙작전의 성공과 함께 유엔군들과 국군들이 낙동강 교두보에서 혈전을 벌이다가 파죽지세로 밀어 올렸다. 전남북과 서부경남까지 밀고 내려왔던 인민군들이 퇴로가 막혀 지리산으로 숨어들었다. 인민군 패잔병들이 몇 만 명이나 되었는지 일선지구도 벅찬데 후방에 제2의 전쟁터가 되어 전쟁이 끝날 때까지 국군들과 경찰들이 얼마나 큰 희생을 치르고 이들을 격퇴시켰는가? 이제야 60여년 세월이 흘렀으니 그 시절을 실감할 사람들이 몇몇이나 될까? 넓고 넓은 지리산 주위의 농민들이 밤이면 공비들이 내려와 식량이나 가축을 다 뺏어가니 농민들의 고통을 어느 누가 알겠나? 지리산은 처음 가보았지만 아마도 전쟁 시기 공비들이 준동했던 흔적들이 있을런지…. 아름다운 지리산, 영원한 평화 속에 우리 국민들의 휴식의 명산으로 남아있기를 바란다.

지난날의 어두웠던 역사를 더듬어보고 대원사에 가서 부처님께 3배하고 절구경하고 계곡을 올라가면서 사과밭이 있는 농촌마을까지 가서 나무그늘 아래 자리 잡고 더운 여름날의 땀을 식히고 쉬었다. 수량도 풍부한 대원사 계곡의 맑은 물에 수천 명의 피서객들이 그 넓은 계곡을 다 매웠다. 아이들이나 어른들이나 흐르는 물속에 들어가 피서에 여념이 없어 참으로 평화롭다. 울긋불긋 천막들이 계곡 따라 십 리나 이십 리나 뻗은 것 같다. 민박을 하면서 어린 시절에나 보았던 밤하늘의 수많은 별들과 은하수를 보면서 고향집 마당에 누워 하늘의 별들을 보고 수십 년 만에 그 시절을 추억 속에 그려본다.

43. 오대산 월정사

1993년 8월의 한더위가 지나고 9월 8일 오대산 월정사를 관광하기로 하고 아침 일찍 강릉행 시외버스에 올랐다. 동해안 길을 따라 차창 너머로 펼쳐지는 바다와 해안의 절경 아름다운 시골풍경과 연도의 산하를 구경하면서 하루 종일 달려 오후 4시경에 강릉에 도착했다. 목적지를 정하고 왔기에 강릉의 명승지를 다음 어떤 기회가 있으면 관광하기로 하고 진부행 버스로 떠났다. 그러나 강릉은 한 번도 가보지 못했다.

버스는 대관령 고갯길을 힘들게 올라간다. 꼬불꼬불 고갯길이 그렇게도 높던가? 대관령 정상에 오르니 해발 800m가 넘는 높고 높은 고갯길이었다. 저 멀리 동해 바다에서 불어오는 시원한 바람에 더위를 식히고 굽이굽이 돌아 올라가는 고갯길을 오르면서 강릉시내와 해안 산촌 자연의 아름다운 산하를 구경한다. 그 옛날 이 높고 험한 고갯길을 괴나리봇짐 짊어지고 걸어서 한양으로 공부하러 과거보러 가던 옛 선비들은 출세 길을 찾아 얼마나 힘들게 이 고개를 넘나들었을까? 상상하면서 내리막길로 차는 달린다. 늦은 여름인데도 차창 밖으로는 고랭지 배추밭에 다 자란 배추들이 도시민들의 식탁에 오를 날을 기다리는지 많이도 자라 있다. 농민들은 기온 따라 고랭지 농사로 우리 식탁을 풍요롭게 공급해준다.

어느새 차는 하진부 종점에 도착했다. 차를 내려 다시 월정사로 가는 차를 타고 한참을 가니 차창 밖에는 비가 내린다. 날은 어두워지고 방향을 알 수 없는 외지에서 버스가 종점에 다 왔다고 해서 하차하니 비는 쏟아지고 버스는 되돌아갔다. 약간 높은 언덕 위에 월정사의 담장이 둘러있고 외등에 비치는 불빛에 사방을 살펴보니 민가라고는 안 보인다. 잠깐 절에 들어가 마루에 앉아 쉬면서 저녁도 안 먹고 비에 젖은 몸으로 절에서 잘 수도 없고 하여 조금 앞에 지나온 마을로 가기로 하고 우산 한 개로 두 사람이 서 보아야 머리만 비를 맞지 않을 뿐, 비는 왜 그리 오는지 관광길의 첫날이 비로 인해 편치 않았다. 1㎞ 전방에 있는 여관 촌을 찾아 다시 비를 맞고 절을 벗어나 걸어 나오니 한치 앞도 안 보이는 캄캄한 밤길이 마치 터널 속에 들어온 것 같다. 길옆으로 흐르는 오대산 계곡의 물소리가 맹수가 포효하는 듯 귓전을 울리며 흘러간다. 하늘도 안 보이는 우거진 숲 속 길에 비마저 내리니 어찌 그렇게도 어두울까? 길옆의 아름드리나무를 더듬듯이 길을 찾아 한참을 나오니 전등불이 비친다. 이제야 마음이 놓인다. 짧은 거리지만 어떻게 그렇게도 멀고 먼 미로를 헤맸을까? 밝은 불빛이 그렇게도 반가울 수가 없다. 어느 여관을 찾아 늦은 저녁을 먹고 젖은 옷을 말리고 지나온 짧은 시간의 긴장을 풀고 잠이 들었다.

아침 일찍 일어나 식사하고 나오니 오늘은 날이 개여 맑은 날씨로 기분이 상쾌하다. 다시 월정사로 가니 어젯밤 어둠에서 헤매던 길이 1㎞ 남짓, 일주문을 들어서니 길 양옆의 가로수가 전나무로 몇 백 년이나 되었는지 몇 아름이나 되는 거대한 나무들이 빽빽하게 들어서 하늘을 가리고 길은 마치 터널 같이 어두컴컴하다. 이런 길이 비오는 밤길이라 얼마나 어두웠을까? 지나갔던 일이라 오랜 추억으로 남는다. 월정사에 도착하여 부처님께 삼배하고 절 경내를 두루 돌아보고 대웅전 앞의 9층 석탑은 국보로 그 옛날 석공들의 솜씨가 얼마나 좋았기에 저렇게도 아름다운 탑을 세워 천년이 지나도 변함없는 불탑의 깊은 진리를 인간에 전해주는 것 같다. 앞으로도 몇 천 년이 지나갈지 불사에 남긴 국보로 영원히 보존되기를 소원한다. 6. 25때 월정사를 지키기 위해 인민군들이 오대산을 넘어 여기까지 쳐들어 올 때 선위휘 대령의 제안으로 주지스님과 함께 절의 문을 다 뜯어 마당에 쌓아놓고 불을 질러 절에 불이 난 것 같이 하고 피난했다는 이야기를 들은 적이 있다. 전설 같은 이야기인데 그래서 절이 무사히 보존되었는가?

아침에 너무 일찍 가서 그런지 관광객이 한 사람도 보이지 않는다. 절 밖의 안내판에 상원사가 12㎞지점에 있다는 이정표를 보고 가보기로 하고 산골 도로를 따라 걸었다. 가도 가도 민가도 없고 얼마나 갔을까? 밭에서 밭을 가는 농부가 보인다. 소로 밭을 가는데 소가 없어서 그런지 사람이 앞에서 소 대신 쟁기를 끌고 뒤에서 쟁기를 잡고 밭을 가는 것을 처음 보았다. 나도 20대에 밭 갈고 농사를 지어보았지만 농부들은 참으로 힘 드는 중노동에 그 수확의 대가는 너무나 빈약하다. 가까이 가보니 그 밭에서는 감자 수확이 한참이다. 부산지역에는 6월이면 수확하는데 위도 차이로 그런지 고랭지에서는 늦게 수확하는가 보다. 길 따라 오대산의 산세를 구경하면서 한참을 가니 버스가 온다. 이런 산중에 버스가 다니는 줄도 모르고 걸어갔으니 아마도 5.6㎞는 걸은 것 같다. 차를 세워 타고 몇 사람의 승객들과 함께 가는데 이제 종점이라 하여 내리니 여기가 바로 상원사 앞이다. 비탈길을 조금 올라 절에 가서 사방을 보니 울창한 깊은 산속에 상원사가 있다. 대웅전에 가서 부처님께 삼배하고 스님의 설법 시간이라 다른 신도들과 함께 설법을 듣는데, 신도들로부터 들은 이야기로 상원사는 문수보살을 모시는 절로 많은 신도들이 참배한다고 한다. 앞에 종각이 있는데 이 종은 우리나라에서 제일 오래된 동종으로 국보로 지정되어있다. 천수백년 전부터 광산이 개발되어 청동으로 종을 주조하는 공정에 많은 기술이 필요한데 그 옛날의 생활상을 짐작할 것 같다. 차 시간 관계로 더 머물지 못하고 정류소로 내려와 식당이 없어 매점에서 빵 한 개로 요기를 하고 바로 나가는 버스로 진부까지 와서 늦은 점심을 먹고 단양을 가기 위해 영월행 버스를 탔다. 강원도 산간 지역의 농촌 풍경을 보면서 지나는 곳마다 옥수수밭이 남쪽 지방의 벼논같이 많이 있다. 연도를 지나며 시골의 아름다운 경관을 구경하면서 지나오니 영월의 어딘가 단종임

금의 능을 지나가는데 내려서 보지 못한 것이 아쉽다. 어찌 왕자를 이 먼 곳까지 귀양을 보내어 영영 못 오는 불귀의 객이 되어 권력의 탐욕에 불행의 역사가 유적으로 남아 있다.

영월에서 버스를 갈아타고 단양으로 와서 여관을 정해 놓고 오후시간 택시로 도담삼봉을 구경하고 돌아와 저녁식사를 하고 쉬었다. 여행의 피로를 풀고 오늘은 단양의 고수동굴을 구경하러 갔다. 수억 년 긴긴 세월 지하에서 석회수에 녹아 동굴이 형성되고 굴의 입구로부터 관람하기 편하도록 철 계단과 다리를 만들어 편하게 지나가면서 보니 형용할 수 없는 아름다운 별천지가 열린다.

수많은 종유석과 석순들이 방울방울 떨어지는 석회수 물방울이 수억 년의 세월 속에 종류석이 되고 석순이 되니 어찌 자연의 조화가 신비롭지 않으랴. 어떤 곳은 폭포같이 쏟아지는 묘한 형태로 그 아름다움을 상상만 할뿐이지 감탄을 연발하고 지상과는 별 세계를 관람하고 나왔다. 단양은 석회암 지대로 또 다른 온달동굴 등 지하 동굴과 단양팔경의 경승지를 다 가보지 못하고 충주호의 수위가 낮아 단양에서 유람선을 타지 못했다. 버스로 다음 선착장까지 내려와서 유람선을 타고 충주호를 항해 하면서 호수가의 구담봉, 옥순봉 등 기암절벽과 그림같이 아름다운 자연의 풍광을 보면서 육지 속의 바다 같은 넓은 호수로 배는 계속 항해한다. 청풍의 선착장에 배를 세워 이곳에 하선할 분들을 내려주고 청풍은 유교문화의 유적지라 한다. 배는 바로 출발하여 충주댐 선착장에 도착, 하선하여 거대한 댐과 호수를 구경하면서 쉬었다. 충주로 나와 충주에서 조치원행 버스를 탔다. 차중에서 넓은 들판의 벼들이 불어오는 바람에 파도같이 일렁이는 모습들이 뜨거운 햇볕 아래 농부들이 흘린 땀이 풍년의 수확을 기다리게 한다. 버스가 조치원에 도착하여 내려서 오늘의 여행을 끝내고 부산행 열차를 타고 무사히 귀가했다.

44. 금강산 관광

반송동 주민 일행과 함께 2005. 5. 10. 6시 동래를 출발하여 금강산으로 60여년의 단절된 조국의 북녘 땅을 향해 관광버스는 경부고속도로를 달린다. 차중에서 금강산의 산세가 얼마나 아름다우면 '願生高麗國 一見金剛山'이라는 중국 소동파 시인의 시가 말하듯 고려에 태어나서 금강산을 한번 보는 것이 소원이란 시를 머릿속에 그려본다. 차는 경주, 포항을 지나 동해안의 아름다운 절경을 구경하면서 화재로 소실된 낙산사를 찾아 휴식을 취하고, 그 옛날 울창했던 소나무 숲이 잿더미로 변하고 그을려 보기흉한 모습으로 안타까운 마음에 누구나 탄식하지 않을 수 없는 슬픈 장면이었다. 절 경내로 들어갔으나 불타고 없는 대웅전에 가서 묵념을 하고 아래쪽 건물에 모신 부처님께 삼배하고 한 순간 인간들의 잘못으로 문화유산이 소실된 것이 너무나 아깝고도 애석하다. 돌이킬 수 없는 인간이 저지른 죄를 뉘우치면서 다시는 이런 비극이 없기를 부처님께 빌었다. 복원공사에 쓰일 기와 모음에 함께 동참하고 뒤돌아 나오니 그 유명한 낙산사의 동종이 있었다. 종각이 불타고 돌기둥이 뜨거운 열에 갈라지고 깨어져 그 속에 누워있는 동종을 보고 국보라고 하는데 열에 갈라지고 녹고 터진 것을 보니 너무나 마음 아픈 슬픔이었다.

이 같은 사실을 TV에서 전 국민은 다 보았다. 불타는 대웅전을 비롯한 경내의 많은 건물들과 특히 종각이 불탈 때를 보고 어찌 이럴 수가 있을까? 가슴이 터지는 안타까움은 국민들은 다 느꼈으리라. 화재의 무서움을 깨닫고 우리는 불조심에 최선의 노력을 다해야 되겠다. 화재로 역사 깊은 고찰의 수많은 문화재, 대웅전과 종각, 많은 건물들, 울창한 송림과 아름다운 숲들이 한 순간의 실수로 모두 잿더미가 되었다. 천여 년의 긴 역사 속에 남겨진 인간 삶의 흔적들을 다시는 볼 수 없으니 아깝고도 아깝다. 거대한 해수 관음보살 부처님 앞에 삼배를 하고 다시는 이런 일이 없기를 부처님께 빌었다.

낙산사를 뒤로 하고 설악산을 향하여 차창 밖의 아름다운 경관을 구경하면서 설악산 관광 마을에 도착했다. 미리 예약했던 식당에 가서 저녁식사를 하고 각각 배정된 방에서 여장을 풀면서 금강산을 구경한다는 들뜬 마음에 겨우 잠을 자고, 새벽 4시에 일어나 아침식사하고 통일 전망대까지 달려 전망대 앞에서 내려 인원 점검하고 현대 버스로 갈아탔다. 현대 직원의 안내로 휴전선에 도착하여 육군초소에서 간단한 안내를 받고 비무장 지대를 통과하면서 보니 도로가에 작은 말뚝 한 개가 서 있다. 이것이 휴전선의 남북 경계다. 아, 이곳이 남북이 대치하고 있는 비극의 현장이었다.

이처럼 불과 몇 분 사이에 북한군의 전방초소에 도착, 북한군이 차에 올라와서 검문 하듯이 차내를 한 번 보고 통과하여 북한 세관구역에 도착하였다. 모두가 하차하여 도보로 세관 구역을 지나면서 휴대품을 X레이 라인을 통과(망원렌즈, 카메라, 휴대폰은 가져갈 수 없음)하여 다시 승차하여 금강산을 향해 가면서 현대 안내원(조장)의 안내로 금강산을 관광하면서 지켜야 할 주의 사항을 알려준다. 특히 금강산에서는 휴지나 담배꽁초, 방뇨는 절대금지란다. 적발되면 일행 전체가 관광을 못하고 본인은 백만 원의 벌금을 물어야 한다고 한다. 이런 상세한 안내를 받고 가는데 차창 밖으로 보이는 산은 모두가 민둥산으로 남쪽과는 너무나 다른 자연의 차이가 나는 것을 보고 넓은 들판에는 풀만 무성하고 농작물이 별로 안 보인다. 노는 땅이 많아 아까움을 느꼈다.

10시에 온정각에 도착하여 차에서 내려 사방을 둘러보았다. 같은 조국 땅이건만 2차 대전의 종전으로 찾아온 세계냉전의 영향으로 통일된 독립국을 세우지 못하고 조국은 둘로 갈리어 60여년을 자유로이 출입할 수 없던 중 현대의 금강산 관광사업의 성사로 수많은 우리 국민들이 금강산을 관광하게 되었다. 꿈인가 생시인가? 우거진 송림과 기암으로 그 아름다움을 한마디로 말할 수 없구나. 바로 구룡연 폭포로 가는데 현대의 중형버스에 타고, 기사는 중국 동포로 현대 조장의 친절한 안내를 받으며 목란관 앞에서 내려 안내원의 주의 말을 다시 들었다(휴전선을 넘어 북한지역에 들어오면서 현대직원(조장)으로부터 주의사항을 들었다). 자유행동으로 일행끼리 목란관에서 그다지 가파르지 않은 길을 따라 3㎞정도 산길을 오르면서 수정같이 맑은 계곡물과 바위산의 아름다움에 탄성을 지르고 산속에서 흘러나오는 신록의 향기를 가슴깊이 마시고 구룡연에 도착하니 폭포 전망대가 있다.

전망대에 올라가서 70m가 넘는다는 거대한 폭포의 포말을 일으키고 떨어지는 물의 흐름에 수억 년의 긴 세월에 저렇게 아름답게 깎이고 패여서 이룬 금강산 구룡연 폭포의 웅장함에 놀랐다. 자연의 조화라는 인간이 흉내 낼 수 없는 아름답고 신비함에 감탄했다. 구룡연을 감상하면서 거대한 폭포의 쏟아지는 물에서 자연이 준 신비로움을 마음껏 즐기고 기념으로 사진을 여러 장 찍고 관광의 참맛을 느꼈다. 가는 곳 마다 바위에는 무슨 글인가 많은 글들이 보인다. 자연을 그대로 보존 했으면 얼마나 좋았을까? 구룡연의 관광을 마치고 바로 위에 있는 상 팔담을 시간관계로 못보고 온 것이 너무나 아쉽다. 계곡을 흐르는 옥수 같은 맑은 물에 그냥 뛰어 들어 가고 싶다. 어찌 그렇게도 맑고 깨끗할까? 한없이 퍼 마시고 싶다. 금강산은 수많은 관광객들이 다녀가지만 그들이 바로 우리 대한민국 국민들이다. 휴지나 담배꽁초 하나 없는 깨끗한 산이다. 강력한 법이 아니라도 기초 질서만은 지킬 줄 아는 문화시민이 되어야 한다. 우리의 산길과는 너무나 대조적이다. 남이 안보면 몰래 버리는 비양심의 습성이래도 문화민족이라고 하나, 금강산에 가서 기초 질서를 배워라. 우리도 기초 질서만은 잘 지키고 살아가길 간곡하게 소망한다.

단체 행동이라 하산하여 목란관 앞에서 버스를 타고 내려오다가, 중간에 있는 신계사 앞에서 내려 대웅전을 참배하고 6.25 때 전화로 소실된 것을 현대건설에서 옛날과 같이 대웅전만 먼저 완공하고 다른 공사는 계속하고 있었다. 온정각에 와서 점심식사를 하고 오후에 금강산 온천에 가서 목욕하면서 그날의 피로를 풀고 쉬었다. 오후 5시까지 온정각 식당에 와서 저녁식사를 하고 배정된 숙소에 가니 현대에서 컨테이

너 박스로 만든 깨끗하게 정돈된 방에서 5명씩 잠시 쉬면서 금강산에서 낮에 본 구룡연 폭포와 그 계곡의 눈부시게 흐르는 맑은 물, 깊은 계곡의 바위산에 뿌리내리고 자란 나무들은 어느 정원수보다도 아름다움을 이야기 하였다.

다시 밤 8시가 되어 무대가 있는 큰 건물에 가서 본 평양 교예단의 서커스는 그네타기 등 온갖 묘기를 다보여 주는데 얼마나 많은 연습을 했는지 한 번의 실수도 없이 공중에서의 그네타기 묘기에 가슴이 조마조마할 정도로 어렵고 위험해 보였다. 어떤 경우 아찔한 장면 등 지상에서 철봉과 여러 가지 묘기에 기계보다도 더 정확하게 하는데 놀라지 않을 사람이 없었다. 너무도 잘하는 묘기를 다시 보려고 비디오테이프를 한 개 샀다. 돌아와 첫날의 구룡연폭포, 온천욕, 야간의 서커스 묘기 등의 이야기꽃을 피우다 잠들었다.

둘째 날 아침, 일찍 일어나 금강산의 맑은 공기를 가슴 깊이 호흡하면서 간단한 맨손체조로 운동을 하고 식당으로 가서 아침식사를 마쳤다. 오늘은 만물상을 가는데 버스로 산 중간 지점까지 이동하여 내리니 삼선암 앞이라 걸어서 상당히 가파른 산길을 철 계단과 밧줄을 잡고 오르니 힘들지만 눈앞에 펼쳐지는 만물상을 바라보니 과연 아름다운 명산이다. 나는 만물상 사진을 찍기 위해 천선대로 올라가서 금강산 전체를 바라보니 너무나 아름다워 저절로 탄성이 터져 나온다. 천

선대에서 바라본 만물상의 아름다움이야 말로써는 다 표현할 수 없을 것 같다. 동편으로부터 파노라마식으로 만물상의 기기묘묘한 산세를 사진에 담았다. 바로 앞이 만물상이지만 시간관계로 만물상 정상에 못 가보고 온 것이 너무나 아쉽다. 저 멀리 비로봉과 내금강 쪽을 하염없이 바라보며 언제나 통일되어 근교산 오르듯이 누구나 갈 수 있는 날이 언제 올런지 하루빨리 통일되기를 기원해본다. 하산하여 버스를 타고 잘 보존된 울창한 금강송 숲 속 길을 내려와서 온정각 식당에서 점심을 먹고 그때 보니 KBS 방송국에서 무대가설 공사를 하고 있었는데, 며칠 후에 KBS에서 북한과 함께 열린 음악회를 북녘 동포들과 함께 한다고 준비 중이었다.

오후에는 삼일포로 향하여 호수에 도착하니 우리 일행 외는 관광객이 없으니 너무나 한적하여 쓸쓸한 기분이 들었다. 안내원을 따라 맑은 공기를 마시며 동쪽 길을 따라 호반을 거닐며 구경하면서 가는데 호숫가는 울창한 소나무 숲으로 큰 바위들과 호수가 참 잘 어울려 아름답다. 저 멀리 시야에 들어온 먼 산에는 나무가 없는 민둥산으로 앙상한 바윗돌들만 남아 있으니 하루 빨리 녹화되기를 바란다. 언제 숲을 가꾸어 아름다운 금수강산이 될런지 안타까운 마음도 들었다. 조장의 귀띔으로 북한 안내원 아가씨에게 노래를 청하면 불러준다고 하기에 삼일포의 설명을 듣고 노래 한 곡 부르라고 청하니 한곡 불러주어 모두가 박수로 인사하고, 배달민족의 피를 이어받은 한민족인데 언제나 함께 살아갈 그날이 올런지…. 삼일포라야 유선놀이 하는 배 한 척 안 보이고 자유로이 관광하는 사람 하나 안 보이니 너무나 한적하고 쓸쓸하게 보인다. 그 옛날 오백 년, 천 년 전에도 아름다운 계곡마다 절을 세워 불심으로 인생의 바른 길을 찾겠다고 부처님을 모시고 많은 불교문화 유적을 남겼으나 전쟁으로 소실되었다. 아직도 복원되지 못한 곳이 수없이 있으리라. 이 명산을 찾기 위해 옛 선비들은 말을 타고 가마 타고 걸어서 일만 이천 봉의 많은 산과 계곡을 탐방하고 인생의 희로애락을 다 느꼈으리라. 계절마다 산의 이름이 있으니 철따라 얼마나 아름다움을 보여주었을까 상상을 해본다. 봄이면 남쪽에서 훈풍이 불어와 만물이 소생하는 시작의 계절로 계곡마다 얼음이 녹아 흐르는 물소리 따라 가지마다 새싹이 움트고 아름다운 야생화들 꽃피워 자랑하더니 푸른 잎이 우거져 온 산천을 초록빛으로 물들이니 여름철이 왔구나. 계곡마다 넘쳐흐르는 맑고 맑은 물속에는 수많은 산천어들이 살고 있으리라.

비로봉, 세존봉 등 높은 산의 나무들이 눈부신 황금색으로 단풍들기 시작하여 차차로 하산하면서 울긋불긋 단풍으로 물들이니 이 세상 어디에서 볼 수 있을까? 나중에는 온 산천이 붉게 물들어 너무나 황홀하다. 넋을 잃고 보는 사이 이제는 북으로부터 싸늘한 바람이 불어 그렇게도 아름답던 단풍잎을 세찬 바람으로 다 떨어 날리고 앙상한 바위만이 남아있구나. 계곡은 꽁꽁 얼고 온 산천에 백설이 뒤덮여 앙상한 낙엽수와 봉래산 제일봉에 낙락장송 되었다가 독야청청 하리라는 소나무만이 절개를 지키고 흰 눈을 덮어 쓰고도 다른 나무들은 다 잠자는데 이 강산, 산천에 푸름을 자랑하고 만인에게 그 높은 지조를 가르쳐 주네. 금강산의 사계절을 머릿속에 그려 보고 혼자 상상해 본다. 해금강의 기암절벽이 바다와 어울려 그렇게도 아름답다고 하건만 일정의 제약으로 가보지 못하고 온 것이 아쉽구나.

이렇게 하여 2박3일간의 금강산 관광을 마치고 오후 5시경 금강산을 다시 한 번 더 바라보고 '금강산아 잘 있거라.' 손을 흔들고 남쪽을 향하여 출발했다. 입북할 때와 반대로 북, 남 양군의 초소를 지나 통일 전망대에 도착하여 통일 전망대를 구경하고 우리 관광버스로 설악산 식당에 와서 저녁식사 후 부산을 향하여 밤새도록 달려왔다.

45. 거제도 포로수용소

고향에서 함께 자란 친구들을 죽마고우라 하지요. 우리가 살아온 세월이 80년을 눈앞에 두고 이제 몇 명 남지 않았구나. 우리도 한번 만나 봄나들이나 하고 오자고 준비한 것이 2009년 5월 23일 일요일, 행선지는 거제도로 잡고 봉고차를 예약해 두고 출발할 날이 왔다. 이런 저런 사정으로 못 가는 친구도 있다. 어린 시절 소풍가는 마음으로 기다리는데 출발을 앞두고 비가 온다. 그러나 가야지. 동래에서 8시에 만나 바로 출발한다.

거제도로 향해 김해평야를 지나 장유를 거쳐 창원, 마산을 지나 차는 통영가도를 달린다. 아무도 관광지를 잘 아는 사람이 없어 기사가 아는 분이라 친절한 안내를 해준다. 먼저 가면서 고성의 삼사를 둘러서 가자하여 시골길을 달려가니 비는 계속 내린다. 가도의 들에는 농사철이라 모를 심은 곳도 보이고 또한 트랙터로 논을 갈고 기계로 모를 심는 곳도 보인다. 참으로 격세지감이라 할까? 내가 농사짓던 시절 50여 년 전은 묏자리에서 자란 모를 쪄서 10여 명씩 모여 못줄을 대고 못줄 눈금에 맞추어 모를 한 포기씩 심는데 허리는 아프고 움직이기도 힘든 중노동이었다. 영농기술의 발전으로 이제는 물 논에서 트랙터를 타고 논을 갈고 기계로 모를 심으니 힘 안 들고 그 능률은 인력의 20배는 될 것 같다. 농촌에서 태어나 농사짓고 살았던 사람으로 지난날의 인력 농사에서 현대의 기계농법으로 적은 인력으로 많은 생산을 할 수 있으니 생산성은 많이도 향상 되었다. 국민들의 식생활 변화로 쌀 소비가 줄어드니 쌀값 하락으로 농업인들의 고심도 큰 사회문제가 된 것 같다. 오랜만에 보리가 노랗게 익어 가는 보리밭을 보니, 50여 년 전의 보릿고개의 배고픈 설움과 그 어려웠던 시절을 새삼 상상해본다. 그 시절의 보리타작 인력으로 도리깨로 타작했으니 그 힘들었던 노동은 이제는 멀리 갔다. 콤바인으로 수확하여 탈곡하니 얼마나 힘 안 들고 생산성이 높은가? 보리란 농약을 안 뿌려도 병충해가 별로 없으니 무공해 곡물로 우리 건강을 지켜준다. 잠시 넓은 들의 모심기와 보리밭을 보면서 그 옛날 농사짓던 시절의 추억을 떠

올리며 농촌 풍경의 아름다움에 젖어본다.

차는 계속 달려가니 옥천사의 표지판이 보인다. 계곡의 푸른 숲이 우거진 도로를 한참 올라가니 옥천사의 주차장이 나온다. 차를 주차하고 내리니 비는 계속 내린다. 우산을 쓰고 절 경내를 둘러보니 천년고찰답게 깊은 산속에 자리 잡은 옥천사 대웅전에 참배하고 경내를 둘러본다. 나이를 알 수 없는 우거진 수백 년생의 수목들이 절의 역사를 말해 주는 것 같다. 잡목들이 우거져 푸른 잎의 그늘과 향기로운 산속의 맑은 공기는 도시에서 공해에 찌든 가슴을 상쾌하게 씻어줄 것 같건만, 오늘은 비가 와서 그늘이 없다. 그러나 계곡으로 흐르는 물소리와 함께 풍경이 너무나 아름답다. 은은히 들려오는 목탁 소리에 스님의 독경 소리가 만 중생들의 고뇌를 풀어주고 위안해 주는 것 같다. 연대를 알 수 없는 비석과 탑 등을 보고 옥천사를 뒤로 하고 한참을 달려와서 어디인지 모를 높은 산길을 차는 계속 올라간다.

비는 내리고 안개는 끼었다 개였다 하니 어디인지 알 수 없고 정상 고개에 올라가니 안개가 끼어 사방이 보이지 않는다. 훈훈한 봄바람에 안개가 꼈다 개였다 하는 속에 저 멀리 산 정상 위에 절이 보인다. 이 절이 보현사라 한다. 멀리서 보니 절 건물 뒤로 황금색이 찬란한 부처님이 보인다. 차는 한참 달려 절 앞 주차장에 내렸다. 비는 계속 내려 우산을 쓰고 일주문을 지나 절 건물로 들어갔다. 다른 절과는 달리 보현사는 산 정상의 좁은 땅에 둥그렇게 건물이 3층으로 서있다. 건물 내 계단을 올라가서 2층에 올라가니 약사여례 부처님이 모셔져 있다. 거대한 부처님은 황금색으로 좌대에 정좌해있다. 너무나 큰 부처님으로 높이가 아마도 6.7m나 될 것 같다. 부처님께 3배하고 계단으로 3층에 올라가서 3층에서 약사여례 부처님을 보니, 너무나 커서 건물 내에 모시지 못하고 2층 옥상에 모시고 3층에서 부처님을 보아야 바로 볼 수 있을 정도다. 3층 회랑에서 사방의 산하를 구경하려 했으나 비 속에 안개는 끼어 아무 곳도 안 보인다. 맑은 날은 저 멀리 남쪽으로 한려수도의 아름다운 해상공원과 눈앞에 펼쳐진 녹음이 짙은 아름다운 산들이 금수강산의 일부를 자랑할 것 같건만, 안개 때문에 다 놓치고 방향도 알 수 없는 깎아지른 경사지에 안개가 약간 걷히니 절이 보인다.

보현사를 내려와서 맞은편에 보이는 절벽 같은 곳에 문수암이 있다. 세 번째 찾아간 문수암, 이 절은 작은 암자이지만 너무나 가파른 산에 계단으로 올라가니 비는 계속 내려 신발은 다 젖고 바지 아래가 다 젖어 걷기도 불편하다. 참으로 신기하다. 그 높은 산 정상아래 그렇게도 맑은 물이 많이 흐를까? 물 한 족자 떠 마시고 나니 숨찬 가슴이 시원하게 뚫린다. 요사체와 기도처를 지나 대웅전에 도착했다. 대웅전에는 대웅전이 아닌 문수암이란 현판이 걸려있다. 비가 와서 그런지 문이 닫혀있다. 인간의 신앙심이 그렇게도 깊은가? 부처님께 귀의하려고 이렇게 높은 산 바위 절벽 같은 곳을 계단식으로 축대를 쌓아 건물을 세우고 건물 뒤로 계단을 쌓아 또 한층 건물을 세우고 신앙의 힘은 불가사이한 일도 이루는 것 같다. 단순한 관광객의 욕망이지만 이 높은 곳까지 와서 안개 때문에 산천의 아름다운 자연을 보지 못하고 내려오려니 언제 다시 찾아와 볼 수 있을까? 많은 아쉬움이 남는다. 언젠가 설악산에 가서 비를 만나 안개 때문에 산세도 제대로 보지 못하고 돌아온 것이 기억이 난다. 이렇게 기사님의 도움으로 생각지도 안했던 3사를 순례하게 되었다. 짧은 인생에 좋은 추억으로 간직하련다.

세 곳의 사찰을 돌아보고 거제도 포로수용소로 향해 또 달려갔다. 수용소에 도착하니 13:00시 점심시간이다. 비는 계속 내려 갈 곳도 없고 간식으로 준비해 갔던 김밥과 과일, 과자, 음료수 등으로 차안에서 점심을 때우고 포로수용소 관람에 들어갔다. 노인들이라 관람료 1,000원씩 주고 입장하여 관람 코-스를 따라 탱크 전시관으로 올라갔다. 전시관 내에 어떻게 만들었는지 포로수용소 전경이 나타난다. 높은 산 아래에 양편 계곡 벌판에 수많은 포로수용소 텐트가 줄을 지어 설치되어있다. 둘레에 철조망 울타리와 경비초소 포로들의 일하고 움직이는 모습들이 잘 재현되어있다.

한편은 친공포로 한편은 반공포로들이 수용되어있다. 이곳을 지나니 포로수용소 폭동사건이 재현되어 죽이고 죽이는 살벌한 관경도 있다. 나이 많은 사람들은 이 사건을 다 기억한다. 6. 25전쟁 당시 많은 포로들이 부산으로 와서 거제동과 가야동, 반여동 등지에 수용되어 그들의 함성이 쟁쟁하게 들리는 것 같고, 등에는 P W란 글을 쓴 군복을 입고 사역 나가는 것을 많이 보았다. 이들 일부가 거제도로 수용되었다. 지난날을 생각하며 그들이 전쟁을 일으켜 왜 저런 고생을 하는지, 그들도 김일성의 명령에 따라 우리 대한민국을 삼키려다 엄청난 인명피해와 산업 시설을 파괴하고 국토를 초토화시켰다. 또한 영사실을 잠깐 보니 반공포로들을 공산주의자들이 친공으로 돌아가자고 설득하는 장면이 나온다. 친공으로 돌아오면 평생을 호의호식하며 잘 살게 해주겠다는 북한 특유의 음성으로 설득하는데 소름이 끼친다. 폭동 사건 이후 반공포로들을 따로 수용했다가 휴전되기 2개월 전 이승만 대통령의 명령으로 모두 석방했다. 이때가 생각난다.

파출소에서 저녁에 지역마을 청년들을 모이게 하여 가서 보니 오늘밤에 포로들을 석방하는데 포로들이 오면 군복을 민간복으로 갈아입히고 식사 제공을 하게하고 돌려보낸다. 그때 동래 반여동에도 포로수용소가 있었다. 이곳을 관람하고 다음으로 가니 폭격에 무너진 대동강 철교 위로 아슬아슬 하게 피난민들이 건너오는 모습이 재현되어있다. 전 재산을 다 버리고 가족을 잃고 이 한 몸이라도 살아 보려고 혹독한 추위 속에 무너진 저 다리의 얼음 같은 철판을 잡고 기어오는 모습은 눈 뜨고 볼 수 없는 처참한 관경이다. 당시에 사용했던 포로들의 천막, 막사, 취사장, 야외변소 등을 재현해 놓았고 포로라고 해서 밥만 먹고 놀지는 않았다. 전쟁이 끝나고 평화가 오면 그들도 먹고 살아야 하니 많은 분야의 기술교육을 시킨다. 이런 것이 바로 인도주의다. 그들의 교육장면이 사진으로 남아있다. 또한 전쟁 당시 쌍방의 무기들이 전시되어있다. 그때의 무기들은 성능보다도 무겁고 힘들었다. 아래쪽으로 내려오니 중화기가 진열되어있다. 전투기, 헬기, 장갑차, GMC트럭, 야포 3.5인치, 곡사포 등 당시의 중화기들도 전시되어있다.

이제 포로수용소의 관람은 끝나고 귀갓길에 고성의 자연사 박물관을 찾아갔다. 거제대교를 건너 한참을 달려가니 고성의 자연사 박물관이다. 이제 비가 그친다. 여기서 내려 해안 쪽 길을 따라 한참 걸어가니 바다에 나무로 만든 산책길 다리를 건너가니 공룡과 나무 화석이 있다. 몇 천 년을 살았는지 엄청나게 큰 나무가 질은 나무인데 모형은 돌이다. 이것을 화석이라고 한다. 몇 억년을 지나야 화석이 되는지 신기할 뿐이다. 광장을 지나니 곳곳에 공룡의 모형을 만들어 놓았다. 공룡이란 동물이 실지로 저렇게 컸을까? 모형을 보니 저렇게 큰 동물이 초식 동물이라 하니 얼마나 많은 풀을 뜯어 먹어야 배가 부를까? 발굴 작업을 하는 모형을 보니 수억 년 지하에 묻힌 공룡의 뼈가 화석이 되어 누워있으니 사실이다. 지구의 빙하기로 사라졌다. 하지만 그 큰 동물들, 영화에서나 보았던 익룡들, 빙하기 이전에는 그놈들이 지상의 왕으로 군림했을 것 같다. 공룡의 발 크기가 사람 발의 길이만 4배나 된다. 발의 크기만 보아도 공룡이 얼마나 큰 동물이었는가를 짐작할 수 있다.

또한 공룡이 걸어 다닌 발자국이 모래밭, 진흙땅이 수억 년의 세월 속에 지금은 화석이 되어 남아있으니 지구생물 변천사의 역사 연구 자료로 후세대들에 넘긴다. 지상에 살았던 수목의 화석과 곰, 사자, 호랑이, 표범 등 많은 동물들과 어류들, 갑각류 등 많은 자연 동물을 전시해 놓았다. 공룡 엑스포장이 너무나 광활하여 아쉽지만 다 보지 못하고 귀갓길에 올라 8시에 동래에 도착하여 함께 저녁 먹고 헤어졌다. 노령에 얼마나 더 여행할 수 있을까? 오랜만에 고향 친구들과 즐거운 여행은 더없이 좋은 추억거리로 장식된다.

46. 경주 유적기행

한국 리더문학회 회원들의 문학기행에 동참하여 2010년 5월 5일 어린이날, 부산을 출발하여 경부고속도로를 약 1시간 주행하여 안압지 주차장에 도착했다. 일행은 반월성으로 올라가니 넓은 신라 왕궁 터로 잘 정비되어있다. 천년의 역사 속에 성곽주변으로 울창한 소나무와 벚꽃 나무들이 푸른 잎을 자랑하며 중앙의 넓은 광장은 잔디로 잘 단장되어 있고 선덕여왕의 드라마 촬영지로 판자로 만든 선덕여왕 입상이 서있다. 많은 관광객들이 입상 옆에 서서 사진 촬영한다고 바쁘게 움직인다. 옆에 있는 석빙고는 조선영조 14년(1738)에 축조되어 보물66호로 지정되었다. 조선시대 귀족 양반가에서 얼음을 저장하여 여름철의 신선한 음식물 저장과 조리에 사용했으니 상류층의 생활상을 짐작할 수 있다.

경주의 유채꽃도 한창 피어나 장관을 이룬다. 유채밭 산책길을 따라 첨성대로 갔다. 첨성대는 옛 신라의 천문 관측대로 국보 31호로 지정되어있다. 이 첨성대에서 우주의 천문 관측으로 지구의 공전, 자전을 관측하여 농사의 계절을 알았으리라. 첨성대가 동편으로 약간 기울어져 보인다. 영구보존에 힘써야 될 것 같다. 첨성대를 뒤로 하고 다시 불국사 쪽으로 향하여 가다가 점심시간이라 이곳의 칼국수가 유명하다하여 어느 식당에 가서 칼국수로 점심을 먹고 잠깐 쉬었다 나오니, 도로 옆에 박목월 시인의 큰 시비가 세워져 있다. 다시 출발하여 한참을 달려가니 김동리, 박목월 시인의 문학 업적을 보존 전시하는 문학관이다. 문학관 일층 영사실에서 두 분 시인의 생애를 담은 영화를 관람하고 2층에 배치되어있는 두 분 선생님의 작품 세계를 둘러본다. 많은 사진으로 기록물을 남겨 사진 속에 담겨진 두 분 선생님의 문학 활동을 볼 수 있었다. 선생이 남긴 문학지와 유품 창작에 전념하시던 서재를 재현해 놓았는데 비품은 바로 선생이 사용하던 책상과 책장에 진열된 많은 장서가 있고 문갑과 필묵 등 애용하던 유품을 보고, 선생은 가셨지만 마치 선생이 출타하고 안 계시는 서재에 들어온 것 같은 느낌이다.

유품 전시실을 돌아보고 옆에 있는 동리목월 문예창작 대학 강의실을 둘러보았다. 창작 대학에서 매주 토요일 2시간 반씩 1년 과정으로 시는 목월 반으로 산문, 수필, 소설은 동리 반으로 나누어 국내 현역 문인들이 강사진을 맡아 운영하고 있다. 별관 전시실에는 신라를 빛낸 인물관이다. 신라의 왕과 재상, 충신, 화랑, 학자, 예술, 효행자 등의 업적을 기록한 내용과 영정을 모시고 있다.

문학관 관람을 마치고 남산의 불교 유적지를 찾아 폐사된 가람에 남은 석탑을 보면서 석탑에 부조된 보살상 등 거대한

돌을 다듬은 신라 석공들의 솜씨도 대단한 장인으로 깊은 불심으로 만들었으리라. 가는 곳마다 신라 불교 유적들이 많이도 남아있다. 이는 신라승려 이차돈의 순교에서 더욱 융성했으리라. 법흥왕이 불교를 신라국교로 정하자고 했으나 무속신앙에 빠진 일부 귀족들의 반대로 뜻을 이루지 못하자, 이차돈만이 불교를 주장하고 절을 지으니 나라에 흉년이 들고 질병이 창궐하여 많은 사람들이 죽자 불교를 반대하던 신하들이 이차돈을 처형해야 한다고 주장하여 이차돈을 처형했다. 이에 이차돈은 불교공인을 주장하며 순교를 자청했다. 내가 죽을 때 부처가 있다면 이적이 일어날 것이라고 주장하고 처형되었다. 이차돈의 목을 치니 흰 피가 치솟아 하늘에서 꽃비가 내린다. 이에 놀란 반대하던 신하들도 감동하고 불교를 공인하게 되고 신라 불교가 융성하고 오늘날까지 많은 불교유적이 남아 있다.

서출지로 올라가서 잠깐 쉬었다. 서출지는 신라시대의 연못으로 사적 138호로 지정되어있다. 큰 게시판에 '開見二人死 不開見一人死'란 한문으로 쓴 글씨가 있다. 글씨의 내용은 이인은 백성이고 일인은 임금으로 봉투를 열면 두 사람 죽고 안 열면 한사람 죽는다는 뜻이다. 이에 왕이 봉투를 열어 본다. 봉투를 열어보니 거문고 갑을 활로 쏘라고 적혀있다. 거문고 갑을 활로 쏘니 승려와 왕의 첩이 은밀한 관계를 꾸미고 있어 처형했다고 한다. 신라 유적지 일부를 둘러보고 귀갓길에 보문단지를 차에서 내리지 않고 서행으로 일주하고 경주의 경관을 보면서 경부고속도로로 올라 부산까지 무사히 도착하여 오늘의 기행을 마쳤다.

47. 노년문학 시상식 참석

한국 노인 복지관 협회에서 노년들이 살아오면서 문학에 소질 있는 분들을 대상으로 시와 수필을 공모하여 2010. 9. 16. 서울 마포동 M 프라자 웰딩홀에서 우수상 시상식 행사를 한다고 출품자들의 참석 통지를 받고 참석하기로 했다. 9월 16일 아침 06:00 KTX로 출발하여 08:47에 서울역에 도착했다. 올해의 여름 날씨는 유난히도 더위가 오래 지속되어 모두가 지쳤으리라. 냉방이 잘된 열차에서 창밖을 스쳐가는 아름다운 산하를 보면서 넓은 들판의 벼들이 알알이 익어가는 모습들과 농부들이 땀 흘려 일한 보람이 풍요를 안겨준다.

연도를 지나면서 그 옛날을 상상해본다. 부산-서울 천리길을 완행열차로 10시간 12시간 달리던 길이 2시간 50분에 주파하니 일일 생활권으로 많이도 발전했구나. 초가 산간마을에 동양화같이 향수를 느끼게 하던 촌락들이 이제는 형형색색 아담한 현대식 건물로 중소 도시들의 하늘높이 치솟은 APT

단지들이 어느 곳으로 가는 길인지 사방팔방 많이도 뻗어있다. 지나는 곳마다 농공단지 수많은 공장에서 산업역군들이 흘린 땀으로 12대 경제 강국으로 진입했다네. 먹을 것 없어 굶주림에 절망의 세월을 보냈던 당대 세대가 허리띠 졸라매고 앞만 보고 달려온 60여 년, 이제는 피눈물이 꽃피어 많은 열매 달렸구나. 여행길에 조국의 발전상을 그려보았다. 행동 없는 기적이 있을 수 없으니 이 민족의 저력이 참으로 자랑스럽구나.

마포구 용강동 행사장에 도착하여 출석 확인하고 전국에서 오신 노년들 200여 명이 모였다. JTI KOREA의 후원으로 전국 노인종합 복지관 협회에서 주체하여 시상식 행사가 진행되었다. 서경석 협회장의 인사말씀에 이어 JTI 후원회장의(외국인) 격려사가 있었다. 고령화 사회에서 은퇴 생활하는 노년들 중 문학을 좋아하는 노년들 197명이 출품한 시와 수필을 심사하여 대상, 우수상, 가작을 엄격히 선정하여 시상하고 심사평에서 기성작가 이상의 좋은 시와 수필을 살아온 연륜 만큼이나 훌륭한 작품이었다고 한다. 이렇게 12:00에 시상식을 끝내고 준비한 뷔페식으로 점심을 먹고 헤어졌다.

나는 마포까지 왔으니 등촌동에 계시는 삼주 회장님을 만나기로 약속하고 마포 지하철역 근처에서 회장님을 만났다. 고령의 어른을 나오시게 하여 예의에 벗어났지만 지역을 잘

몰라서 회장님이 나오셔서 만났다. 어느 찻집에 들려서 차를 들면서 서로의 안부와 오늘의 행사 등을 말씀드리고 쉬었다가 가려고 했는데 회장님께서 오늘 하루 쉬고 내일 가라고 하시면서 못 가게 하신다. 18:00 차표를 사두어서 다시 서울역에 가서 내일 차표로 바꾸고 회장님을 따라 용산 전쟁 기념관으로 관람하러 갔다. 대단히 넓고 큰 건물 3층까지 삼국시대, 고려조, 조선시대와 6.25를 거치면서 중요 전투지역의 전쟁장면을 재현해 놓았다. 인류의 역사는 전쟁으로 시작되었는가? 서로가 타국을 침략하여 영토를 넓히고 권력을 뺏기지 않으려고 수많은 전쟁의 역사로 오늘에 이르고 있구나. 현대전의 무기는 듣고 보고 알고는 있었지만 조선시대의 무기들로 당시의 거대한 포들을 처음 보고 놀랐다. 자세히 보려면 하루나 걸릴 것 같은 넓은 전시장이다. 2시간여 관람하고 가면서 목동 근처 어느 식당에서 저녁을 먹고 회장님 댁으로 가서 숙모님께 인사드리고 쉬었다.

회장님의 서재에서 자고 17일 아침식사를 하고 쉬면서 오늘은 세종문화회관 휴게실에서 상대 회장님과 수련 회장님을 만나기로 하셨다면서, 내가 왔다는 말은 안하고 만나면 깜짝쇼 연출 하듯 만남의 반가움을 가지려고 하셨다 한다. 고령이시지만 마음가짐은 젊은이들보다 더 도량이 넓으시다. 여기서 상대고문님과 수련명예회장님을 만나 반갑게 인사하고 어느 식당에서 점심식사를 하고 옆의 찻집에서 쉬면서 늦은 여름날의 오후시간에 고궁을 관람하자고 해서 세종로 광장을 걸으면서 세종대왕 좌상 앞에서 사진을 찍고 광화문을 지나 경복궁으로 갔다. 광화문 준공식 때 TV로 보았지만 일제의 만행으로 조선조 500년 궁궐을 제압하려고 총독부 건물을 세우고 수많은 궁궐건물을 훼손하고 철거하지 않았던가? 6.25 전쟁의 참화와 쓰라린 역사를 지켜보다가 이제는 옛 자리를 제대로 찾아 석문 석축 위에 우리 궁궐의 정문, 광화문을 아름다운 조선 양식의 목조 건축물을 세워 세상에 내놓았으니 참으로 자랑스럽다. 광화문을 지나 경복궁 경내로 들어가 근정전에서 조선왕조의 국정을 상상해 보았다. 외국사신을 접대하고 연회를 베풀었다는 경회루 연못 속에 돌기둥을 세워 그 위에 세운 누각으로 웅장하고도 아름답다. 옛 선인들의 목조건출기술이 정말 놀랍고도 자랑스럽다.

이렇게 넷이서 고궁을 관람하고 나오다가 흥례문 앞 광장에서 조선시대의 근위병들 복장과 호위군의 장비를 갖추고 수문장 근무교대식 하는 것을 보고, 광화문을 나와 세종로 광장을 걸으면서 정담을 나누고 세종문화회관 앞에서 인사를 나누고 각각 헤어졌다. 나는 서울역에서 18:00 KTX로 무사히 귀가했다. 혈연으로 맺어진 인연으로 종친회 역대 회장님들과 함께 서울의 명소를 구경하고 오랜 추억으로 남기련다. 세 분

회장님께 깊은 감사의 인사를 드린다.

2010.9.17.종친회장단과병열회장이
광화문과경복궁을돌아보다

48. 장흥 전국 문학인대회

예장회(예술을 사랑하는 장흥사람들)의 초청을 받고 부산교대 앞에서 청옥문학회 회원들과 시를 짓고 듣는 사람들의 모임 회원들 일행 36명이 2009년 9월 18일 아침 09:00에 예장회에서 보내준 관광버스로 장흥을 향해 남해안고속도로를 주행한다. 부산시역을 벗어나 김해시를 지나면서 차창 밖으로 연도의 산하를 구경하면서 넓은 평야지대의 벼들이 익어 황금벌판을 이루고 바람결에 물결치는 벼이삭들이 올해도 풍년을 기약해 주는구나. 곳곳마다 농공단지와 주택들이 형형색색으로 조국의 발전상을 보여주며 어디로 가는 길인지 모를 신설도로 공사를 많이도 진행하고 있다.

이렇게 연도를 구경하며 달려가 13:00경에 장흥에 도착했다. 예장회에서 미리 예약한 식당에 가서 점심을 먹고 다시 버스로 행사장인 장흥 군민회관에 도착했다. 군민회관을 둘러보면서 전시실에 장흥 화가들의 미술품을 관람한다. 미술품은 장흥을 배경으로 한 농촌풍경과 전통 농가 등 향수가 풍기는 그림들이었다. 2시간 정도의 여유시간이 있다하여 탐진댐을 구경하러 갔다. 탐진강을 따라가니 강 둔치에 군민들의 체력단련장과 여가선용장으로 물레방아가 돌아가고 적당한 수목들과 야생화들이 꽃피고 강물에는 인조고래들이 떠돌고 있는 아름다운 공원으로 장흥군에서 강변공원을 잘 꾸며 놓았다. 강 따라 깊은 계곡으로 들어가니 댐이 보인다. 탐진강 깊은 골을 사력 댐으로 막아 호수 쪽은 수압과 누수를 막기 위해 콘크리트로 댐을 조성했구나. 민가도 없는 산중호수로 물이 너무나 맑다. 이 맑은 물을 농업용수와 인근 군에 장흥, 강진, 해남 등지의 상수도로 공급하고 일부는 수력발전을 하여 전력을 공급한다.

호수를 둘러싼 푸른 산, 맑은 공기를 가슴깊이 마시고 다시 군민회관으로 돌아왔다. 참석한 문인들이 전원 강당에 착석하고 16:00부터 식전행사를 진행한다. 장흥문학의 소개로 장흥은 역사적으로 많은 문인들을 배출한 문학의 고장으로 곳곳에 문인들의 유적과 발자취가 남아 있다. 17:30부터 문정영 시인의 사회로 식순에 따라 국민의례와 송기숙 대회장의 개회선언이 있고 위선환 시인의 참석문인 소개와 송기숙 대회장의 대회사에 이어 김선옥 집행위원장의 경과보고, 이명흠 장흥군수의 환영사, 고은 시인, 유선호 국회의원, 이승일 군의회 의장의 축사와 전북대학교 판소리단의 자랏골의 비가란 창작 판소리를 듣고 시낭송이 있었다. 시낭송은 부산의 청옥문학회 홍화 박선옥시인, 매강 권귀하시인 낭송가의 아름다운 음성으로 시를 낭송하는 동안 장내는 엄숙하고 정적이 감돌았다. 낭송이 끝나자 우레 같은 박수로 환영의 인사를 한다. 송기숙 대회장의 문인의 날 선언으로 일부행사를 마쳤다. 저녁식사는 예장회에서 준비한 뷔페식으로 각자 식성에 따라 접시에 담아 와서 오순도순 정담을 나누면서 맛있게 잘 드신다. 식사를 마치고 2부 행사에 들어갔다. 박형상 변호사의 사회로 술과 음료수로 축하건배를 하고 축하 케익을 절단하고 반주 없이 여공 스님의 노래와 전북대 국악단의 국악 한마당을 흥겹게 듣고 시인들의 시낭송을 끝으로 첫째 날의 행사를 마쳤다. 예장회에서 예약해 둔 옥섬 파크를 찾아 어딘가 바닷가 한적한 산 아래 13층 호텔에 도착, 우리 청옥문학회 회원들은 13층 방을 배정받아 10여 명이 잘 수 있는 넓은 방이었다. 여장을 풀고 오늘 행사의 이야기를 나누다가 12:00경 잠자리에 들었다.

필자인 나는 하필이면 주초부터 감기에 걸려 감기약을 먹으면서 출발전날 링거주사를 맞기도 했으나 쉽게 피로가 풀리지 않는다. 거기다가 약을 먹다 목에 걸려 약화를 입었는가? 2, 3일 동안 음식을 삼키려니 식도에 통증이 와서 물 마시기까지 불편했다. 외지에 나오니 그렇게 피곤한데도 밤에 잠이 안 와서 뜬눈으로 밤을 새우고 일찍 일어나 세수하고 출발준비를 했다.

호텔 밖을 나와 아침의 상쾌한 바닷가의 공기를 마시면서 정원을 거닐다가 07:00경 버스를 타고 장흥 시내로 와서 아침 식사하고 19일 둘째 날의 문학기행에 나섰다. 문화유적 해설사의 안내로 율산리 해산토굴의 한승원 소설가의 생가를 방문하고 한승원 생가 앞에 새 건물을 지어 추울 때나 비올 때 방문객들의 편의를 위해 장흥군에서 일반 재실 같은 건물을 지었다. 이방에서 한승원 소설가와 방문객들이 강의와 대담을 한다고 한다. 다시 버스를 타고 천관산 문학관으로 가서 문학관을 돌아보고 시비 동산을 가려했으나 일방통행길이라 버스가 지금은 갈 수 없다하여 대덕면 진목리 소설가 이청준 선생의 생가를 방문했다. 오래된 4칸 한옥으로 많은 보수를 하여 보존하고 있다. 돌이켜 보니 이 멀고 먼 농어촌에서 자라면서 아버지와 맏형이 일찍 사망하므로 너무나 어려운 집안이었다. 맏형이 남긴 책을 읽고 이때부터 문학인으로 소질이 커갔다 마을 사람들이 천재 소년이라고 했다한다. 중학교에 갈 형편이 안 되었으나 이종남 담임선생의 도움으로 광주서중을 졸업하고 중3때부터 가정교사로 학비를 벌어 광주일고와 서울대 독문과를 나와 문학의 길로 나갔다. 고향 사람들은 법대에 가서 금의환향하기를 바랐지만 문학의 길로 갔으니 고향 사람들에게 실망을 주기 싫어 20여 년 고향에 안 갔다고 한다. 이후 소설가 이청준 선생은 수많은 저서를 남기고 10여 차례의 문학 대상을 받고 문학인으로 크게 이름을 남기고 69세로 세상을 떠났다고 한다.

이청준 선생의 생가 방문을 마치고 천관산 문학공원으로 갔다. 아름다운 숲속에 54명의 장흥출신 시인들의 시가 자연석에 음각하여 시 동산을 이루고 있다. 또한 주먹 정도의 작은 돌로 수없이 많은 크고 작은 돌탑을 만들어 세워 장흥 문인들과 군민들의 피땀 흘린 노력이 역력히 보인다. 서울에서 정남진 장흥을 문학의 고장답게 전국에서 처음으로 문학관광특구로 지정받아 관광객들에게 문화유적 해설사들이 일일이

문화유적 해설을 친절하게 해준다고 한다. 이렇게 오전시간 문학관 관람을 끝내고 장흥 시내에 와서 미리 예약한 식당으로 가서 장흥 명물이라고 하는 한우 불고기를 푸짐하게 대접한다. 여로에 피로하고 늦은 점심이라 한우 불고기로 배불리 점심을 먹고 제래 시장인 장흥 토요시장을 구경하고 귀갓길에 보림사로 갔다. 앞서 이명흠 장흥군수님과 예장회 회장 송기숙 선생님, 예장회 회원들의 따뜻한 환대로 이틀간의 뜻 깊은 문학인 대회 오랜 기억으로 남기겠습니다. 장흥군민 여러분들의 환대에 깊은 감사의 인사 올립니다. 감사합니다.

보림사에 도착하여 경내를 돌아보면서 그리 높지 않은 깊은 계곡에 자리한 천년고찰로 대웅전과 적멸보궁을 참배하고 한국의 名水란 보림 약수를 한잔 떠서 마시고 사방을 돌아보니, 평지의 넓은 경내와 절을 둘러싼 산세의 아름다움 우거진 잡목들이 가을이면 단풍으로 명산을 이룰 것 같다. 수백 년의 연륜을 보낸 느티나무가 이 보림사의 역사를 말해주는구나. 지난세월 역사의 소용돌이에 이 지역 주민들의 좌, 우 갈등의 고난사를 상상하면서 보림사마저 큰 전화를 입고 천년고찰의 고건물들은 소실되어 근래에 다시 복원 불사하여 오늘에 이르고 있다고 한다. 이제 절을 뒤로하고 16:00에 귀갓길에 올라 보성을 거쳐 남해안고속도로를 주행하면서 어둠이 깔리자 누군가의 사회로 노래 한 곡씩 부르면서 이번 문학 기행을 뜻 깊게 마음속에 간직하리라. 다행히 차가 크게 밀리지 않아 20:30경 교대 앞에 도착 오늘의 기행을 마치고 해산했다.

▲ 고은 시인님과 함께

49. 영월 문학기행

영월 김어수 시인 탄생 100주년 기념 시비 제막식에 참석하기 위해 청옥문학회 부회장 야천 김대식 시인의 고향 영월의 영월문화원의 초청을 받고, 야천 김대식 선생님의 주선으로 부산바다 문학회 회원들과 청옥문학회 회원들 일행 40여

명이 영월 김어수 선생 선양회에서 준비해준 관광버스로 서면 영광도서 앞에서 07:20에 출발했다. 김해 대동 요금소를 거쳐 대구를 지나 중부고속도로를 달려 단양 남한강 다리를 건너 영춘을 지나서부터는 첩첩산중으로 어디가 어디인지 알 수 없는 초행길이라, 심심산천 계곡 길로 잘 포장된 도로를 따라 가는데 강원도 산골이라 하더니 어찌 그렇게도 깊은 계곡일까? 도로 옆은 하천, 하천 옆은 험준한 산들이 이어지는데 아무리 눈을 뜨고 보아도 논, 밭도 없고 인적마저 드문 금수강산 산하가 10월 단풍에 천연의 아름다운 단풍색으로 만산홍엽이 물들이니 황홀경에 빠져 든다. 거리감도 알 수 없는 수㎞나 가야 몇 세대의 농가들이 비탈진 땅이지만 밭을 일구어 농사짓는 마을도 보인다. 평야지대에서 기계화로 농사짓는 것과 비교를 안 해 볼 수 없구나. 나의 어린 시절 고향이 농촌시골이라 소를 동력으로 운반수단이라야 지게로 지고 오는 것이 최상의 수단이었다. 이 산골 연도에서 보이는 산비탈의 농가에서는 지금도 그럴 수밖에 없을 것 같다.

영춘의 남한강물은 어찌 옥수같이 저렇게도 푸르고 맑고 강변이 한편의 그림같이 아름답다. 수십 년 전 그곳을 지나면서 다리가 없어 버스가 배에 실려 건넜던 경험이 있는데 이 강물이 흘러 충주호의 거대한 인공호수로 뱃길로 한 시간여 호반의 단양팔경 일부와 아름다운 산야를 관광을 한다. 충주호의 거대한 호수는 다목적댐으로 갈수기에 물을 저장하고 홍수기에 물을 조절하여 한강의 홍수를 막아주고 남는 물로 발전을 하여 산업의 원동력이 된다. 물은 아래로만 흘러가니 양수리에서 북한강물과 합수하여 팔당댐으로 들어가 서울시민과 경기 일부시민들의 수돗물과 공업용수를 공급해주니 시민 생활의 안정과 산업은 계속 발전하여 우리 국민들의 문화생활은 끝없이 향상되어 가는구나. 이렇게 맑은 물, 향기로운 산속의 맑은 공기를 마음껏 마시고 산하의 아름다움을 기억속에 남기고 수십㎞의 계곡 길을 달려오니 12:30경에 식장에 도착했다.

김어수 선생의 생가 터가 영월군 상동면 직동리라고 하는데 너무나 깊은 산 계곡에 마을도 안 보이는 외로운 곳이다. 야외에 주최 측에서 행사를 진행할 식단을 준비하고 천막을 쳐서 의자를 정열 해 놓고 뒤편에 간이식당을 만들어 비빔밥으로 점심식사를 대접한다. 점심을 마치고 뒤편 소나무 숲에 김어수 선생의 시화가 많이 진열되어 있다. 한편 한편 읽어보고 행사시간이 되어 식장으로 모이게 한다. 방명록에 서명하고 명찰을 받아 패용하고 모두가 자리에 앉았다. 식전 행사로 동국대학교 김동준 명예교수의 김어수 선생과 영월의 문학에 대한 30여 분간의 강연이 끝나고 민속무용단의 살풀이춤과 선생의 시 낭송 후 시비 제막식을 한다. 영월군수님과 문화원장, 의회 의장 등 내빈들이 김어수 선생의 시비 제막을 한다. 시비는 거대한 자연석을 옮겨 세워 앞면에 영담 김어수 선생 탄생 100주년 기념비 후면에 영담 선생의 아래의 시를 음각하여 세웠다.

봄 비

- 김 어 수

꽃잎 지는 뜨락
세월처럼 도는 선율
그 누구 치마 자락이
저기 아스름히
뽀야게 먼 화폭이
불현듯 뛰쳐나가서
놀처럼 번지는 정
벅찬 숨결마다
호젓한 좁은 산길을
연둣빛 하늘이 흐르다
한결 저녁은 고요로워
스칠 것만 같은 밤
방울지는 여운마다
메아리쳐 피는 창가

함뿍 젖고 싶은 마음
그 계절이 하 그리워
닮아가는 체념인가
홀로 걷고 싶은 마음

시비의 크기 약 두께 1m x 폭 3m x 높이 5m 정도의 거석이다. 나는 자연석을 옮겨 인공으로 세운 비석으로는 이렇게 큰 것은 처음 보았다. 영월 군민들이 선생의 교육자로 시인으로 학문의 공적을 얼마나 높이 추앙하고 있을까? 시비를 제막하고 다시 식장으로 옮겨와서 식순에 따른 행사를 진행한다. 식전 공연에 이어서 김어수 선생의 시 「백두산」을 김미래 시인이 낭송하고, 김어수 선생의 시 「바다」를 민을손 낭송가가 낭송하고, 김어수 선생의 시 「산촌의 가을」을 이수정 시인이 낭송했다. 14:00부터 본 행사에 들어갔다. 시인 문태성 사회자로부터 개회사와 내빈 소개, 영월문화원장의 개회선언, 국민의례와 경과보고, 김어수 선생의 선양회 신대식 선생께서 김어수 선생의 생애를 소개한다. 선생은 이곳 직동리에서 1909년 1월 4일 탄생하여 명정보통학교를 마치고 22세 때 부산 범어사로 출가하여 25년간 승려 생활을 하면서 일본 경도 화원중학교를 졸업하고, 항일 운동을 하다가 체포되어 부산형무소에서 6개월간 복역하고 출소 후 1938년 중앙 불교 전문학교(동국대학전신)를 졸업하고 광복 후 부산중학교에 교사로 부임하여 25년간 교육계에서 각 학교 교감, 교장 등을 역임하다가 금정중학교 교장을 마지막으로 교육계를 떠났다. 여생을 불교 포교사로 불교 발전에 큰 업적을 남기고 1985년 1월 7일 76세를 일기로 세상을 떠나셨다. 제자이신 상옥스님이 「회귀선의 꽃구름」 시조집을 출판하여 봉정하고 지역 기관장들의 환영사와 축사를 끝으로 기념행사를 마쳤다.

우리 일행은 16:30에 출발하여 김삿갓 시인의 유적지를 관람하고 가기로 하여 30여 분간 달려 김삿갓 문학관에 도착했다. 시간이 늦어 구름 낀 가을 날씨라 벌써 어둠이 깔린다. 문학관 영사실에서 10분간 김병연 시인의 생애를 관람하고 문학관에 진열된 유품과 시를 관람하고 묘지로 가서 넓은 묘지에서 일행들은 2배로 참배하고 기념촬영 했다. 젊은 시절 방랑시인 김삿갓의 유행가 노래를 많이도 부르고 그때는 멋 모르고 그 시대의 유행가로만 알고 죽장에 삿갓 쓰고 방랑 삼천리를 흥겹게 불렀건만, 오늘 문학관을 돌아보고 묘지를 참배하고 김병연 선생의 기구한 인생 운명을 알게 되었다. 왜 김병연 선생이 세상을 방랑하고 문전걸식하며 살았을까? 200여 년 전 안동김씨 명문가의 후손으로 조부 김익순이 평북 정주의 방어사로 근무하고 있을 때 홍경래 난이 일어났다. 이를 평정하지 못하고 조부 김익순은 반란군에게 항복했으니 역적으로 몰려 처형당하고 집안은 풍비박산이 되었다. 그 후 아버지는 화병으로 돌아가고 가족들은 뿔뿔이 다 헤어졌다. 영월에서 어머니와 함께 살다가 20세 때 결혼하고 관에서 실시하는 과거를 보아 장원급제했다. 후일 어머니로부터 '급제한 그 시제가 바로 너의 할아버지를 욕되게 하는 글이다.'라고 듣고, 비록 급제는 했건만 어찌 이럴 수가 있을까? 김병연은 할아버지가 역적에 항복한 내용을 극열하게 비판하는 글로써 급제를 했으니 법을 떠나 용서 받을 수 없는 불효의 큰 죄를 지었다. 핏줄의 정은 변함없이 흘러가는데 어찌 사람도리 못한 죄로 세상이 부끄러워 하늘을 안 보려고 그 길로 삿갓을 쓰고 전국 방방 곳곳을 문전걸식으로 방랑했다. 전라도 화순 땅에서 객사의 불행으로 57세에 이 세상을 떠났다. 3년 여 후에야 그의 아들이 어머니가 사시는 영월 땅, 지금의 묘지에 이장하였다고 한다. 의심은 끝이 없는가? 현대와 같이 잘 포장된 도로를 차를 타고 가도 힘들고 먼 길인데 현지를 둘러보고 백오십 여 년 전 도로도 없었을 것 같고 무슨 방법으로 수십 일이 걸렸을 머나먼 길을 걸어서 운구했을까? 그 행로가 풀리지 않는다.

김삿갓 문학관과 묘지를 둘러보고 17:00가 넘으니 깊은 산 계곡이라 그런지 어두움이 빨리 온다. 이제 귀갓길에 올라 부산까지 먼 길을 향해 가면서 2시간 정도 달려가니 영주톨게이트를 지난다. 얼마 안 가서 차 뒤쪽에서 펑하는 소리와 함께 차가 조금 흔들린다. 뒤 타이어 한 짝이 파열된 것 같다고 하여 저속으로 풍기까지 와서 톨게이트를 빠져 나와 식당으로 가서 우리 일행은 저녁 일곱 시가 넘어 저녁식사를 했다. 기사는 긴급 구호차를 불러 예비 타이어를 갈아 끼우고 다시 고속도로로 나와 주행하니 차가 약간 흔들리며 뒤편이 좀 기운다. 이렇게 흔들리는 차에서 청도까지 와서 기사가 다른 고속버스를 알선해주어 차를 갈아타고 부산서면에 도착하니 00:15이 넘었다. 귀가 중 차에 문제가 있어 기사님께서 안전을 위해 많은 신경을 써주어 감사합니다. 동행한 문인들 함께 다녀오며 오늘의 문학기행 오랜 추억으로 남으리라. 인연이란 참으로 묘하다. 귀가해서 김어수 선생 시비제막식 사진을 집안어른에게 이메일로 보냈더니 회답이 왔는데 어른께서 범어사 강원에서 공부할 때 은사 스승으로 일제시대 당시의 시를 강의하는 사진을 보내주셔서 보고 칠판에 쓰인 시가 '가노라 삼각산아 다시보자 한강수야'로 그때 김어수 선생은 시와 문학에 큰 뜻을 품고 공부하셨는가 많은 시를 남기고 영월군민들의 추앙을 받고 고향마을에 거대한 시비를 세웠다.

50. 한국시민문학 가을 축제

대구 앞산 고산골 시민공원에서 한국시민문학협회 주최로 가을 문학축제가 열렸다. 부산 청옥문학회 회원들은 차를 나누어 타고 축제장에 각자 개별로 모였다. 우리 일행은 청록 최경식 회장님의 차로 정광일 시인, 유정목 시인, 김병열 4명이 동승하여 13:00 동래를 출발, 대동을 지나 밀양-대구 고속도로를 달려서 한 시간 만에 대구시내에 진입했다. 대구시내에 들어가니 차도 많아 복잡하지만, 첫눈에 가로수가 잘 정비되어 이제 가을 단풍철에 곱게 물든 단풍잎을 바라보며 오랜만에 가본 도시라 사방을 분간할 수 없는 도심을 지나가는데 회장님께서 운전 하신다고 마음속으로 큰 고생하였으리라. 이렇게 복잡한 시내를 빠져나가 변두리 어딘가에 산이 보이고 이제 다 왔다하여 주차하고 내렸다. 회장님을 따라 산을 향해 오르니 비포장 등산길이라 많은 대구시민들이 등산차 오르내리고 한다. 가면서 생수를 2세트를 사서 유정목 시인님과 둘이서 함께 들고 가도 무거운데 정광일 시인님은 혼자 들고 갔으니 상당히 힘들었을 텐데 몸살은 안하셨는지…. 초행길이라 쉬어가면서 한참 올라가니 식장에 도착했다.

한국시민문학협회에서 만반의 준비를 다 해놓고 기다리고 있다. 서로 반가운 인사를 나누고 그동안 우리들이 제출했던 시가 등산길 옆으로 시화로 잘 진열되어있다. 대구시민들이 등산길을 오르내리며 많은 시를 읽었으리라. 한편의 시 속에 담긴 깊은 뜻을 그분들은 가슴속에 담고 갔으리라. 이렇게 시화도 보고 정담도 나누다가 15:00시가 넘어 오늘의 문학제 행사를 진행한다. 양복이 부회장님의 사회로 식순에 따라 오프닝 시로 황춘자 고문님의 시 「꿈인 듯 절경에 취했던 날」을 강진주 시인님께서 아름다운 목소리로 낭송하고 내빈소개와 성군경 회장님의 인사말씀, 서태수 고문님의 격려사, 문병란 명예고문님의 축사가 있었다. 한국시민문학협회의 발전을 위해서 회원님들의 끝없는 노력에 한국시민문학협회는 더욱 발전한다. 이어서 신인상 시상식이 있었다. 낙동강문학상 시 부분에 박정란(8월), 김재윤(10월), 손재현(10월) 세 분에게 회장님께서 낙동강문학 시 부문 신인상 상패를 수여하고 축하를 했다. 신임 임원으로 낭송담당 부회장에 권귀하 낭송가, 해외담당 부회장에 남동강 시인을 각각 임명하고 임명장을 수여했다. 한국시민문학협회 올해의 시인 상으로 김용락 교수님이 수상했다. 가을 문학제 시 낭송회가 진행 되었다. 정광일 시인은 시 낭송 대신 하모니카로 우리 가요 두 곡을 멋지게 불고 많은 박수로 환영을 받았다. 정광일 시인은 팔방미인이라 하더니 어찌 하모니카도 그렇게 잘 부실까 박수를 보냅니다. 정광일 시인이 낭송하지 않은 시를 아래에 적어둔다.

가을은 슬퍼서 아름답다

– 시인 정 광 일

떨어져 나간다는 것
교체의 아픔 같은 것
그러기에 가을은 슬프다
막연한 듯, 하면서도 사실에 근거한
자꾸만 뒤돌아 보이는 계절
자신이 걸어온 발자취를 들여다보며
버리고 온 것에 대한 그리움으로
자꾸만 슬퍼지는 날들
불투명한 미래는 안고

투명한 과거를 버려야 하는 두려움
병들어 초라한 몰골로
정든 것들과 작별해야하는 초목의 이파리에
자신을 복사해보는 그래서 슬픈 계절
가을은 슬프고 슬픈 것으로 아름답다
옷깃 세우고 외투 주머니에 깊숙이 질러 넣은
만지작거리는 그 손에서
삶의 그림자에 묻혀있던 시간들의 재생
한 장 두 장 옛 사랑의 흔적들을 들춰보는
쓸쓸하고 애처롭지만 그로서 아름다운 계절
이루지 못하고 잊혀졌던 안타까움으로
미래를 새롭게 바꿔가는 계절
그러기에 가을은 슬프고 그래서 사랑스럽다

「불혹의 연가」 시 문병란 - 낭송가 설현숙 시인
「가을비」 시 안미자 - 안미자 시인
「가을행」 시 문병란 - 문재철 시인
「푸른별」 시 김용락 - 낭송가 권순자 시인

이렇게 시인님들의 시를 각각 낭송가님들의 맑고 고운 음성으로 낭송하니 나무 그늘 아래 앉은 회원님들, 지나가는 등산객들이 낭송가들의 낭랑한 음성에 매료되었는가? 적막이 감도는 것 같다. 이일화 선생님의 춤추는 모습을 보고 1부를 끝마쳤다. 김용락 교수님의 기념 강연으로 '오늘 아침 동화사 주지 스님과의 대담으로 인생이 살아가는 길 바르게 살아간다면 행복이 온다.'로 끝내고 해가 서산으로 넘어가는 것을 보니 고산골이 대구의 서쪽인 것 같다. 서산아래 공원의 숲속이라 어둠이 빨리 찾아온다. 오늘의 문학제를 마치고 마을로 내려와서 준비한 비빔밥으로 저녁식사를 하면서 환담을 나누다가 갈 길이 멀어 다음에 만나기로 약속하고 각각 헤어졌다. 우리 일행 4명은 회장님 차로 18:00시에 대구를 출발하여 동래에 도착하니 19:00다. 회장님께서 가까운 길이 있는데도 집 근처까지 와서 내려주어 너무나 고맙습니다. 먼 길 운전하신다고 많은 수고하셨습니다. 감사합니다.

51. 시민문학 4호 발간 기념식

2009년 9월 20일 마산문학관 세미나실에서 시민문학 4호 발간식을 거행했다. 식순에 따라 양복이 부회장의 사회로 국기에 대한 경례, 애국가 제창, 내빈소개, 안종준 참샘문단 회장의 인사 말씀에 이어 이병한 편집위원장의 경과보고 중 차후로는 문학지에 등재할 원고를 빠른 시일 내 제출해 줄 것을 요망하고 교정과 편집에 시간이 많이 소요되므로 회원들에게 다시 한 번 부탁드린다고 한다. 성군경 회장님의 인사말씀과 최대식 고문의 격려사, 청옥 최경식 회장과 별빛문학 회장의 축사에 이어 정을숙 시인의 「칠남매의 시」를 권귀하 시인의 낭송으로 시 낭송을 끝내고 신인 문학상 수상식이 진행되었다. 시 부분에 유정목, 박원이 두 분이 시인으로 등단하고 신인상을 받았다.

수필 부분에 김병열, 양연자 두 분이 수필가로 등단하고 신인상을 받았다. 내 개인적으로는 우리 가정의 지나온 역사를 기록으로 남기려고 조부모님, 부모님 대와 나의 유년 시절(일제강점기)을 두 번의 전란 격동기를 거치면서 어렵게 살아온 지난 일들을 기억을 더듬어 기록하면서 70평생 살아온 과정을 자서전으로 남기려고 글을 쓰던 중, 인터넷에 한국시민문학협회에서 시와 수필 공모가 있다는 것을 보고 시 3편, 수필

2편을 보냈는데 그 중 「온천천이 다시 살아났다」는 수필이 당선되었다고 성군경 회장님으로부터 등재 작가로 대우하겠다는 축하 전화를 받고 큰 기쁨을 느꼈다. 연 4회의 문학지 발행 때마다 한편씩 등재했다. 8월 중에 청록 최경식 회장님과 홍화 박선옥 사무국장님께서 등단 심사 작품으로 「40계단 그 슬픈 역사」를 추천하여 심사에 올려 심사결과, 당선되었다는 연락을 받고 당선 소감을 제출했다. 시민문학 4호 발간 기념식날 2009년 9월 20일 등단과 동시에 수필부분 신인상을 수상했다. 나에게는 분에 넘친 큰상으로 성군경 회장님으로부터 낙동강문학 신인상 상패를 수여받고 홍화 박선옥 시인으로부터 청옥문학회에서 준비한 화환을 받으면서 노령에 이런 큰 선물을 받으니 영광스러운 감격을 느꼈다. 수상식이 끝나고 성군경 회장님을 모시고 수상자들과 개인별 기념 촬영하고 단체로 꽃다발을 안고 기념 촬영을 했다. 기념패와 기념사진을 오래도록 간직하고 더욱 분발하여 좋은 글을 남기기로 노력하겠습니다.

수상이 끝나고 5분간 휴식, 축하 케익을 자르고 마창 참샘문단에서 준비한 떡과 과일, 음료수 등을 먹으면서 환담을 나누다 2부 행사에 들어갔다. 해송 엄경덕 부회장의 사회로 오정환 시인의 시 「물방울노래」를 설현숙 낭송가가 낭송하고 엄경덕 부회장으로부터 오정환 시인의 소개가 있었다. 오정환 시인은 부산출신으로 중앙대 문예창작과를 나오고 동성고등학교에서 국어과교사로 정년퇴임하시고 부산의 여러 문예 단체를 이끌어 오셨다. 이어서 오정환 시인의 문학 강연이 있었다. 오정환 시인의 「노자의 마을 거닐기」, 「어둠」, 「머무름」 시 세 편을 낭송가 권순자 시인의 낭송으로 끝을 맺고 최윤업 고문의 폐회 선언으로 오늘의 출판 기념행사를 마쳤다.

이정 안종준 시인께서 단체 기념사진을 촬영하고 보리 익는 마을 식당으로 가서 저녁식사를 하면서 문인들 간의 정은 더욱 깊어진다. 식사가 끝나자 헤어지려니 안종준 참샘문단 회장께서 바닷가 마산의 00의 횟집으로 가서 장어구이를 대접한다. 회원 모두가 술과 음료수를 들면서 장어구이를 맛있게 먹고 정담 속에 시간을 보내다가 청송 최대식 선생님께서 마창대교의 야경이 대단히 아름다우니 한번 구경하고 가자하여 선도차를 따라 30여 명 함께 가서 마창대교의 아름다운 조명에 유람선에서 울리는 노래 소리를 들으며 멋진 야경을 구경했다. 다음에 만나자는 아쉬운 인사로 작별을 하고 우리 일행은 부산을 향해 밤길을 달려 청록회장님 차로 동승하여 집 앞까지 와서 내려 무사히 귀가했다.

52. 낙동강문학7호 발간기념 문학강연

☞ 1부 행사

2010. 1. 30. 벌써 2010년도 첫 달 1월이 저물어가는 주말, 모두들 편히 쉬어야 할 것인데 한국시민문학협회 낙동강문학 7호 발간기념 및 문학 강연회를 대구 수성구 송원교육문화센터에서 30일 15:00에 하게 되었다. 우리 부산회원일동은 12:30 동래지하철 뒤에서 만나 최경식 회장님 차로 5명, 박희종 시인님 차에 5명씩 분승하여 동래를 출발하여 김해 대동 요금소를 거쳐 밀양고속도로를 달려 청도 휴게소에서 만나 커피 한 잔씩하고 잠깐 쉬었다. 다시 대구를 향해 고속도로를 주행한다. 연도의 산하는 겨울철이라 여름날의 푸른 잎들은 다 떨

어져 땅 위에 이불같이 덮였지 오직 소나무만 청청하게 그 절개를 지키고 서 있구나. 나목들만 서 있으니 우리들 눈에 보기로는 삭막하지만 그 나목들은 제 할 일을 다 한다. 떨어진 낙엽들이 한겨울의 지온도 보존해주고 끝내는 썩어서 좋은 거름이 되어 내년에 싹트는 식물들의 영양분이 된다. 봄이 오면 또다시 새싹 트고 꽃피우니 사람들만이 느끼고 즐거워하는 푸른 초목들이 생동하는 자연의 세계다.

이런 감상 속에 젖어있는데 벌써 차는 대구 시역에 들어왔구나. 생소한 도시라 어딘지 알 수 없지만 박희종 선생님은 대구를 잘 아시더라. 바로 대구 송원교육문화센터에 도착하니 시간의 여유가 있었다. 대구 회원님들께서 일찍 나오셔서 모든 준비를 다 마치고 기다리고 계신다. 3개월 만에 다시 만나 서로가 반갑다고 인사를 하니 참으로 아름다운 정경이었다. 각자 명찰을 찾아달고 준비한 떡과 과자, 음료수로 목을 축이고 서로서로 그간의 안부를 물으며 정담을 나눈다. 정각 3시 기념식 시간이 되어 양복이 부회장님께서 회의시작을 알린다. 각자 의자에 앉아 자리를 정돈한다. 양복이 부회장님의 사회로 식순에 따라 회의를 진행한다. 오프닝시 낭송으로 도종환 시인님의 시 「군무」(우포늪을 찾는 철새들의 살아가는 진리를 담은 시)를 설현숙 시인님의 낭송으로 청중은 정적에 들어간 것 같다. 이어서 국기에 대한 경례와 내빈소개, 성군경

회장님의 인사말씀으로 교육의 방향을 제시한다. 인문과 이공계 어느 한쪽으로 치우치지 말고 적성 따라 고른 교육으로 이 나라의 앞날은 밝게 열린다. 최대식 고문님의 인사말씀은 '빼앗긴 들에도 봄이 오는가' 낙동강문학의 시작이 어제 같은데 벌써 12번째 출간의 감회를 말씀하신다. 문병란 교수님께서는 먼 길을 오셔서, 한시문협이 알찬행사가 되도록 우리글을 갈고 닦아 우리 문학을 빛내어 주는 것이 문인들의 사명임을 말씀하신다. 김용락 교수님의 강의와 김인강 시인님의 작품심사 과정 보고에 이어서 시상식이 있었다. 시 부문 신인상 낙동강문학 신인상으로 민경문, 오란자, 성미란 세 분이 차례대로 회장님으로부터 상패를 수여받고 수상을 환영하는 꽃다발을 받고 수상 기념사진을 촬영했다. 이재한 시인님께 낙동강문학 발전을 위해 헌신하신 공로로 공로패를 수여하고 많은 회원님들은 박수로 보답했다. 정광일 시인님의 시를 권순자 시인님께서 축하시로 낭송하셨다. 멀리 광주에서 오신 양해원 선생님의 축하공연으로 국악의 창을 한국 정서가 울려나오는 음정으로 장내를 압도했다. 많은 박수로 환영한다. 오늘의 수상시인들과 임원님들이 축하 떡을 자르고 5분간 휴식에 들어갔다.

☞ 2부 행사

양은영 시인님의 사회로 2부 행사를 진행한다. 낙동강문학 7호 발간기념 강연으로 중국 연변대학교 안병열 교수님의 강연이 진행된다. 안병열 교수님은 경주 출신으로 고려대학교 국문과를 나오신 문학박사로 안동대학교 교수를 역임하시고 현재는 중국 연변대학교 과학기술원 동양어학부 한국어과 교수로 재직 중이시다. 연변의 조선족은 중국 국민이다. 그러나 동포들은 조선민족으로 한국식으로 문학 활동과 민족 문학을 한다. 세종대왕 이전에는 말(언어)은 있었으나 우리 글이 없어 한문으로 기록하고 시나 산문, 소설 등을 우리 문학이라 했다. 한문을 모르는 일반인들은 얼마나 문학에 목말라 했을까? 한글 창제 후 200여 년 전 까지도 지식인들은 한글은 모르고 한문만 알았으므로 한문을 모르는 일반인들이야 문학이나 역사를 듣는 것 외는 한문을 읽을 수 없으니 서민들의 생활이 너무나 불편하고 어려웠을 것 같다. 우리 문학을 우리글로써야 진정한 우리 문학이지 외국어로 된 아무리 좋은 문학작품도 우리 문학이라고 할 수 없다. 우리 문학의 나아갈 길의 방향과 교양인들이 이해할 수 있는 방향의 문학, 민족의 얼이 살아나오는 것이 진정 우리 문학이다. 예절을 확립해야 한국적 나의 문학이다. 영어가 만능이 아니다. 필요한 사람에게만 필요하지 우리말을 빛내고 우리말을 지키는 것이 문학인의 책임이다. 문학인은 지식인의 사명을 가져라. 문인들이 지키지 못할 지조는 사명을 다하지 못한다. 우리 문학의 실상을 알기 쉽게 강의해주셨다. 감사합니다. 한국시민문학 중국지부장 구호준 선생님께서 보내주신 수필 「냉수에 커피를 풀어 마시는 바보들」을 낭송가 권귀하 시인님의 낭독으로 오늘의 출판기념식은 더욱 빛났다. 황춘자 고문님의 폐회인사로 출판기념행사를 마치고 기념 촬영을 했다. 공지사항으로 안중근의사 기념시화전을 연다고 시 출품을 요망한다. 연변시화전과 송화강 잡지사와 낙동강문학이 결연을 맺으며, 상세한 것은 회장님께서 카페에 올린다고 한다.

식당으로 이동하여 여러 테이블로 나누어 올갱이국으로 맛있게 저녁식사를 하고 오늘 식장에 걸었던 현수막에 참석회원 전원 서명하여 이를 연변대학교 안병열 교수님에게 문학회 참석기념으로 증정했다. 잠깐 쉬었다가 귀갓길이 멀어 모두가 일어나 아쉬운 작별인사를 하고 헤어졌다. 우리 부산회원 일행은 회장님 차와 박희종 시인님의 차로 분승하여 부산을 향해 밀양고속도로로 달렸다. 박희종 시인님은 가까운 길이 있는데도 짐(책)이 있다하여 멀리멀리 돌아서 영도의 세 분 낭송가님들 집 앞까지 모셔다드리고 동래까지 와서 저의 집 앞에 내려주시어 너무나 고맙고 감사합니다. 편안히 잘 가셨으리라 봅니다. 회장님 일행도 편안히 잘 오셨지요. 회장님께서 잘 왔는가 문자까지 보내주셔서 대단히 감사합니다.

53. 낙동강문학 5주년 기념식

2011년 7월 9일 한국시민문학협회 낙동강문학 5주년기념 및 대구세계육상경기대회 기념 시화전을 대구시 남구 앞산 고산골 공원에서 열기로 일정을 정했으나, 장마철이라 언제 비가 올지 알 수 없어 장소를 대덕문화전당으로 정한 것이 정말 다행이었다. 그날따라 비는 하루 종일 계속 내린다. 부산에서 무궁화호로 11:30에 출발했는데 청도를 지나니 폭우가 쏟아진다. 어느 마을인가 흙탕물이 마을과 과수원, 논밭 할 것 없이 밀고 내려온다. 길이 강이 되고 철길이 잠겼는가, 열차가 비로 인해 서행한다고 방송을 한다.

이렇게 대구역에 도착하니 20여분 연착되었다. 초행길이라 역 앞 대로를 건너 버스정류장으로 가서 안내판을 보니 대덕문화전당으로 가는 버스가 있어 어려움 없이 문화전당 앞에서 하차하니 비는 계속 내린다. 전당 문을 들어서니 정을숙 선생님이 접수를 받고 안내를 하신다. 벌써 문병란 교수님, 최대식 고문님 일행이 일찍 와서 계신다. 언제나 먼 곳에 계시는 분들이 일찍 오는 법인가 보다. 반갑게 인사하고 이정 선생님의 안내로 관장실에 가서 차 한 잔씩 들고 환담하면서 기다렸다. 잠시 후 회원들이 도착하여 오랜만에 만나 서로가 반갑게 인사를 나누고 회의실에 착석하여 허행일 사무처장님의 사회로 국기에 대한 경례와 애국가 봉창으로 식이 진행되었다. 내빈소개와 성군경회장님의 인사말씀, 최윤업 고문님의 격려사, 장기웅 전 대구시 건축사협회 회장님의 축사와 최대식 고문님의 한국시민문학협회 낙동강문학 연혁소개가 있었다.

여기서 나는 한국시민문학협회 낙동강문학이 걸어온 길을 상상해본다. 2006년 7월 22일 최대식 선생님이 재직하신 법수중학교 강당에서 문학에 뜻있는 분들이 모여 낙동강문학 창립식을 거행하고 낙동강문학이란 나무를 심어 한마음으로 가꾸어 그 첫 열매가 익어 수확을 낙동강을 사랑하는 문우님들의 창간호를 발간한 기념식을 낙동강의 발원지 강원도 태백시의 황지 못에서 거행했다. 참으로 깊은 감회가 영원한 추억으로 남는다. 이어서 2호, 3호, 4호, 5호, 6호, 7호, 8호, 9호, 10호 까지 각 지역 문화회관에서 발간기념식을 하고 한 해씩 늘어나는 창립기념식을 대구, 함양, 통영, 경주 등 지역을 찾아 뜻 깊은 창립생일 잔치를 열었다.

늦게 찾아와서 이제야 알았다. 나는 낙동강 700리 라고만 알았는데 황지에서 솟아오른 물이 굽이굽이 돌고 돌아 낙동강 물길이 1,300리라고 한다. 지구탄생이래 이 강물은 수억만 년 낮은 곳으로만 찾아 흘러 오늘의 낙동강 본류가 형성되었다. 민족이 살아온 길고긴 역사 속에 이 강물은 유역을 살찌우고 고대 우리 선조들이 집단농경생활에서 개척해 온 낙동강 유역의 땅, 식량보고로 오늘까지 왔구나. 근세 조선조 한 시대를 유교문화가 나라의 근간이 되고 낙동강을 좌우로 퇴계와 남명 양대 유학파로 갈리어 선비들이 학문으로 서로가 견제하고 경쟁하며 유교사상이 우리 민족의 생활근거가 되었다. 또한 현대 6.25전쟁으로 낙동강이 조국을 지켜준 교두보가 되었다. 아--아 낙동강 푸른 물결은 아무리 심한 가뭄에도 마를 때는 없었다. 낙동강 정기를 받아 낙동강문학은 유유히 흐르는 강물같이 쉬지 말고 끊기지 말고 홍수 때는 넘치고 가뭄 때는 부족해도 영원히 흘러가기를…….

최대식 고문님의 낙동강문학 5주년 기념시를 적어둔다

2006년 7월 22일 법수산 자락은
문향의 촛불이 타오르기 시작했다
문학 향한 가슴들
문혼(文魂)은 푸른 옥구슬 되어

청백리정신은 우리의 철학
일상충실은 우리의 긍지
자아발전은 우리의 신념
낙동강문학 창간호를 진상하고 올린 기원제
낙동강 발원지 태백황지는
우리의 성지(聖地)이다
고산골 시화는 만인을 사랑한다
한중문학 교류는 통일의 염원이다
우리의 문향, 좋은 시는
한반도를 덮어가는 꽃 중의 꽃이다

어둠이 있어야 빛도 찬란하다
낙동강 물길은 밤낮없이
1300리를 쉼 없이
현재도 흘러가고 있다
한민족의 혼은 바로 한국문학

한국시민문학협회여 찬란하라!
낙동강문학이여 영원하라!

최대식 고문님의 5년간 흘러온 낙동강문학의 발자취를 그린 시를 설현숙 시인님의 낭랑한 아름다운 음성으로 낭송하고 대구에서 열리는 세계육상경기의 성공을 기원하는 황춘자 시인님의 축하시를 김정숙 시인님의 낭송으로 모두가 마음속으로 세계육상경기의 성공을 기원했으리라.

대구세계 육상경기
세계의 건각들이 모여 들었다
서라벌 옛 터전 달구벌 대구로

팔공산 정기 가슴마다 용트림치고
갓바위 위상은 실핏줄까지 충동 한다
굳세게 달려라 세계인이여

여기 넓은 품 그대들 반기나니
인류의 끓는 피 솟구치는 열정으로

두둥실 이상의 나래 펴면
승리는 그대들 것
싸워라 뛰어라 혼신을 다해

성스런 이 땅에서 선출될 꿈나무
지구촌의 금자탑 세기의 월계관

함성도 우렁차게 목청을 높여
힘차게 울려라 21세기의 승전고를
지구상에 꽃피운 젊음의 제전

너와 나 서로들 화합하여
대구는 저 넓은 세계로 세계로
세계는 희망의 도시 이 대구로
뭉치고 사랑하자 우리는 모두 四海同胞

축하 공연이 이어졌다. 김동우 선생님의 노래와 정재성 선생님의 아름다운 율동으로 춤 공연이 이어진다. 춤은 잘 모르지만 남자분의 춤추는 모습이 동래의 학춤과 비슷한 율동이다. 안종준 선생님이 기념촬영하고 황춘자 선생님의 폐회인사로 오늘의 기념식을 마치고 식당으로 가서 삼삼오오 모여앉아 정담을 나누며 비빔밥으로 맛있게 식사하고 다음에 만나자고 기약하고 헤어졌다. 비는 계속 내려 불편함을 알고 부산회원 4명을 김대성 선생님께서 승용차로 동대구역까지 전송해주어 비를 안 맞고 편하게 열차로 귀가했다. 비는 계속 내려 회원님들의 귀갓길 불편도 많았지요.

54. 나는 어디에서 왔는가

인류창생이래 지구상에는 춘하추동 사계절이 찾아오는 자연을 따라 인류는 원인에서 직립 인간으로 억겁의 세월 속에 진화를 거치며 인간생존의 역사가 인종 따라 대륙 간 피부색이 다른 황인종, 백인종, 흑인종, 홍인종 등 집단으로 한 지역 대륙에서 수억만 년 초원에서 수렵과 채취로 생존을 유지하며 원시생활로 살아온 흔적들이 남아있다. 인간은 만물의 영장이라 오랜 세월 두뇌의 발달로 생각을 할 수 있고 손으로 물체를 잡을 수 있고 발로 걸을 수 있으니 좋은 지역 찾아 정착생활로 농경으로 집단생활을 했으리라 본다. 거대한 대륙에서 종족 따라 신앙의 유산인가 그때로서의 문명이 일어났지만 문자기록이 없으니 현대와 같이 설계와 축조 공정 등 사용목적은 정확하게는 모르지만 거대한 형상의 석조구조물 등에서 그때의 생활상을 짐작한다. 각 대륙 간 고대 인류가 남겼던 나일강 유적, 메소포타미아 유적, 황하 유적, 잉카 유적 등 현대과학 문명시대에도 이루기 힘든 거대한 석조문화유산을 남겼으니 이를 두고 불가사의한 일이라고도 한다. 인류가 불을 발견하고 구석기시대를 지나 신석기시대와 청동기시대를 거치며 수렵과 채취 생활로 정착한 인류생존의 흔적을 많이도 남겼다. 인류학자들, 고고학자들, 지상에 남긴 고대 원시인류들이 살아왔던 혈거나 집단생활의 유적들에서 나온 유물들로 인류가 살아온 역사를 규명할 수 있었다.

역사는 흘러 2,500여 년 전 석가, 공자, 예수 등 성인이 탄생하여 종교로 인간의 심성을 한곳으로 바로 모아 문명생활의 길을 열어주고 문자를 창제하여 국가통치와 생활기록을 남겼으니 수백 년, 수천 년 전에 일어났던 일들을 기록, 문자해독으로 그 시대적 생활상을 알게 된다. 이렇게 인류문명기시대를 거치면서 수많은 유적을 남겼으니 인류생활의 역사속에 문화발전상을 알 수 있다. 근세기 과학문명의 발전으로 동, 서양 대륙 간의 활발한 인적 물자 교류로 인간생활은 더욱 향상되고 일부는 혼혈되어 오늘날의 혼성 다민족 문화시대로 과학발전 문명의 혜택 속에 살아가고 있다.

인류역사의 진화와 생존을 위한 발전상의 흔적들이 고대 유적지에서 발견되고 우리 배달민족은 황인종계로 몽골족에 속한다고 한다. 인류학계의 근거로 몽골계의 종족들은 몽골반점이란 특이한 반점이 어린이들의 둔부에 뚜렷하게 남아있다. 특히 동양계의 황인종은 그 시원이 지구 대륙의 중앙인 바이칼호를 중심으로 한 광대한 지역에서 수만 년 진화 발전하여 광활한 몽골 사막 고원을 장구한 세월 속에 남하하여 일부는 동남아로 일부는 베링해를 건너 미주대륙으로 갔다고 한다.

우리 민족도 만주대륙을 거쳐 한반도에 정착하여 5,000여 년 전 단군성조가 고조선의 나라를 세워 단일민족인 배달민족으로 살아왔다. 고조선을 이어 이제 국가건국 기록으로 뚜렷이 남아있는 2,000여 년 전 고구려, 신라, 백제 삼국이 건국되어 신화에서 현실로 1,000여년의 찬란한 불교문화를 남겼다. 그렇다면 우리들은 어느 혈통을 이어왔나? 이 땅에 살아가는 민족들은 고구려, 신라, 백제, 삼국과 고려를 거치며 각국 조정에서 큰 공적을 남긴 사람에게 임금이 내려준 사성으로 공적을 세운 지역 이름으로 성씨를 받아 그 후손들이 시조 OO의 후손으로 그들의 조상이 받은 성씨로 한 혈통을 이은 일가로 이 땅에는 300여개의 성씨 집단들이 모여 근대까지 단일 민족국가로 살아왔다. 김수로왕의 김해김씨 후손들과 임란 때 일본에서 귀화한 김해김씨를 제외한 우리 김씨 성씨의 근원은 신라 알지왕이 경주 계림의 금학(金鷄)에서 탄생하였다고(설화) 김씨 성으로 받아 후계 왕들은 김씨 성으로 대대로 왕자, 왕손으로 이어오다 신라의 마지막 왕이신 경순왕으로 왕대가 끝나고 신라는 고려에 나라를 넘겼다. 경순왕 그의 다섯째아들 석자공(錫字公)이 의성김씨로 대를 이어오다가 6세손 언미공의 둘째아들 록광공이 고려 고종조대에 상장군으로 있을 때 몽골군이 침략하여 국가기반의 파괴와 민생을 도탄에 빠트렸다. 이 어려운 국난을 타개하기 위해 휘하 장병들을 진두지휘하여 몽골군들의 만행을 물리치고 이 어지러운 나라의 민심을 평정시켰다. 조정에서는 그 공적을 인정하고 광주군을 식읍으로 하사하고 광주군(廣州君)에 봉작했다. 록광공은 광주군에 봉작 받으므로 해서 의성김씨에서 분관하여 광주김씨의 시조가 되셨다. 신라왕손 후손들은 수많은 관향으로 분관되어 이를 통합한 것이 '新羅大輔公 金閼智 璿源系'라고 한다. 약칭(略稱, 新羅金氏) 우리는 록광공(綠光公)을 시조로 의성김씨에서 분관되어 800여년 우리 광김(廣金) 후손들은 북한과 남한 땅 동래와 밀양에서 집성촌을 이루어 오늘에 이르렀다.

廣州金氏 歷史를 찾아서

- 廣州後人 炳熱

新羅鷄林 閼智王의 血統이은 敬順王 後裔로
다섯째 아들 義城君 錫公의 七世孫 祿光公은
高麗國 上將軍으로 蒙古軍 侵略 물리치고
廣州君에 封爵 받아 廣金門中 始祖로 創氏하셨다
高麗史에 길이 남은 아들 宏은 監察御使로
孫子 晅은 名臣으로 門下侍郎 平章事에 올라
廣州金門 高麗國에 名門으로 올랐다네
南物公은 安東府使로 南에서 자리 잡고
工曹參議 次文公은 東萊의 入鄕祖로
海叟 禹鼎公 壬亂으로 義兵모아 倡義하다가
捕虜 되어 倭都 伏見城에 抑留 되었다가
降伏을 拒否하고 節操 지켜 8년 뒤에 歸國하셨다
廢墟가된 鄕里에서 學文唱導로 人材養成하고
工曹參判 贈職 敦寧府 都正에 除授받았다
歷代 東萊府使들 文集에 行錄을 남기고
鄕敬齋 세워 鄕.不遷之位 享祀 儒林에서 모신다
湖叟 琦公 壬亂殉職으로 禦侮將軍 贈職받고
宣武原從 一等功臣으로 安樂書院에 配享 한다
次武公은 參贊官에 礪公은 掌隷院 判決使로
密陽에 定着하시어 名門 家門으로 이어간다

希曾公은 領議政에 追贈 廣金門中 빛내시고
太虛將軍 壬亂平定 큰 功 세워 襄武의 諡號 받고
宣武原從 一等功臣으로 宣祖 임금이 내리신
大學冊을 下賜받아 大學堂에 그 遺品 남기고
南川江邊에 博淵亭 세워 晚年을 보내셨다네
太乙公은 높은 學文으로 後學을 가르치고
많은 詩文을 文集에 남기셨다
守訒公은 光海君의 廢倫 慨嘆하고 上疏했지만
批答이 없어 明倫堂上未明不若歸家老此身
이 글을 남기시고 故鄕에 돌아와서 굳은 氣概
굽히지 않고 學文으로 嶺南儒學 이끌었다
네 분 先祖의 높은 學文 나라 위한 一片丹心
깊은 忠情으로 廣州金氏 世稿의 文集을 남겼다.
開物公은 司憲府 持平으로 높은 學文 빛나고
북녘 땅에 定着하시어 많은 後孫 閥族 이루었다
6.25戰亂으로 많은 血族 離散되어 自由를 찾아
南으로 避難길에 오른 血肉들 산산이 흩어져
生死조차 찾을 길 없는 아픈 苦痛 그 누가 알겠나
꿈속에서라도 가고 싶은 故鄕의 先塋
떠날 때의 童顔이 白髮 되어 서러운 눈물만 흐른다
近代 日帝 受難期 목숨 걸고 獨立運動 앞장서서
憂國衷情 다 바치신 愛國志士들
醒山 金錂公 振聲公 相潤公 奎煥公 榮宓公 勝文公
安慰와 榮華를 멀리하고 祖國에 몸 바쳐

中原大陸 雪寒 속에서 日帝와 鬪爭하시다
拘禁되어 차디찬 鐵窓에서 氣槪와 志操 지켜
廣金先烈 앞장에서 祖國光復 이루었다
全國一家 宗親會 創立한지 어언 30여년
姓氏發祥地 廣州 回德里에 祿光始祖 紀蹟碑 세워
年年이 宗親會 열어 따뜻한 血緣의 情 나누고
이제 다시 中部面 嚴尾里 깊은 골 明堂자리에
祿光公 紀蹟碑와 十系派祖 碑石 移建하여
祖上의 祭壇 앞에 時祭 올려 後孫도리 다 하리다

2012. 11. 11.

55. 노후를 보내면서

우리가 살아온 지난날 어찌 이 불행한 시대를 살아왔는지 되돌아본다. 일본 제국주의자들에게 나라를 빼앗기고 국가 없는 민족은 피압박의 고난 속에 이 땅에 태어나 헐벗고 굶주림에 어린 시절을 보내다 10여세 때에야 일본은 미, 영, 중 연합국을 상대로 그들이 말하는 동양 평화를 위해 대동아전쟁(2차 세계대전)을 일으켰다는 것을 알게 되었다. 아니, 전 세계를 향해 패권국이 되겠다고 중국대륙, 동남아, 태평양의 넓은 해역 지구의 십분의 일이나 되는 광대한 지역을 전쟁터로 만들어 우리(조선)의 자원을 다 빼앗아 전쟁물자로 소모하고 청, 장년들을 징용과 징병으로 전쟁터로 몰아넣어 수백만 명이 희생되었다. 4년여의 전쟁은 미국의 원폭투하로 1945년 8월 15일 히로히토 천황은 미국에 무조건 항복하고 일본은 2차 세계대전의 폐망으로 조국은 광복되었다. 철없는 시절이라 해방의 기쁨이란 무엇인지도 모르고 일제는 물러가고 우리 역사와 우리 글을 찾아 한글을 배우며 초등교육을 마쳤다. 해방된 조국은 통일되지 못하고 정치적 사상으로 남북이 갈리고 좌익분자들의 빨치산 활동으로 도시를 제외한 농촌은 밤이면 그놈들의 천하가 되어 식량과 피복 등을 약탈해간다. 반항하면 살상하고 방화하고 도망가니 그 무서운 세월 속에 민생은 말할 수 없는 어려움 속에서 살아왔다. 군경의 토벌에도 끈질기게 저항하더니 끝내는 북한의 남침으로 조국은 3년간의 전쟁으로 초토화가 되었다. 하루가 무섭고 지루한데 포화가 빗발치는 3년의 긴 세월에 밀고 밀리고 한 치의 땅이라도 더 찾으려고 우리 국군과 유엔군은 그렇게 싸웠다. 이 전쟁은 3년 1개월 만에 휴전되어 이제 전선에서는 총성은 멈추었다. 혈기왕성했던 그 시대를 살았던 젊은 청년들이 이 나라를 지켰다.

이제 80의 고령세대들, 편안한 노후를 보내야 할 텐데 그러지 못하고 힘겨운 삶에 고뇌하는데 우리 함께 위로하고 보살피고 살아가자. 그래도 나는 부산에 살았으니 점령은 안 되었지만 인간의 삶이란 생명유지를 위해 몸부림치며 우리 세대들은 고난의 세월을 보내면서 살아왔다.

배우지 못하고 자본과 기술이 없으니 오직 힘겨운 노동으로 50년대를 보내고 60년대에 박정희 정부가 들어서 경제개발계획으로 보릿고개를 넘기며 살아왔다. 국토 개발과 산업을 일으켜 노는 사람 없이 피땀 흘려 앞만 보고 일해 왔다. 아득히 먼 저 멀리 희망을 찾아 가정을 위해 가족을 위해 나를 희생하고 살아온 이들이 우리들(70, 80대) 세대들이다. 대부분 나는 못 살았지만 자식들만은 이 고통을 면하도록 소 팔고 논 팔아 자식들을 공부시키려니 그 얼마나 많은 눈물 흘렸을까? 오죽 했으면 대학 나오면 우골탑이란 말이 있었을까. 그래도 우리들은 피와 땀으로 앞만 보고 허리띠를 졸라매고 일을 하지 않았던가? 그런 희생으로 오늘의 경제 강국의 발판이 되었지. 자식들 뒷바라지 하느라 나의 삶을 희생하고 앞만 보고 살아왔다. 어느 새 세월은 흘러 백발이 되었는지 이제 일할 힘도 없고 노후에 편안히 살아갈 준비도 못 해 놓았다. 옛날 전통 사회에서는 부모가 늙으면 자식이 모시는 것이 당연 지사인데 한 세기도 못되는 짧은 세월에 원시에서 초현대로 어찌 이렇게도 많이 변했는가?

아직도 늦지 않습니다. 하고 싶은 일, 남기고 싶은 일 한 세상 살았다는 발자취는 남겨 놓아야지요. 가진 것이 있다면 나를 위해 써 보고 어려운 친구 있다면 한 끼의 식사로라도 정을 나누고 손자들에게 과자 한 봉지라도 사놓고 함께 먹으면서 할아버지가 살아온 옛날이야기를 들려주어야 할 것이다. 자식사랑, 가족사랑, 노부모들은 있는 정을 다 바치고 살아왔다. 젊은 시절에는 나만은 늙지 않고 이대로 영원히 살 줄 알았는데 우주의 원리는 그렇지 않다. 가고 오고 억만년 세월은 이렇게 흘러간다. 이 세상에는 단 한 번밖에 못 오니 이 세상에 오신 것을 행복으로 알고 어려웠던 시절은 이제 다 잊으시고 행복한 나날을 보내시기를 바란다. 노년 세대들이여, 이 나라 발전의 기초를 이루지 않았는가? 자랑스러운 마음으로 자부심을 가지고 슬픔의 눈물을 보이지 말고 다함께 편안하게 보내고 이제 젊은 세대들에게 무거운 짐을 벗어주어야 한다. 이 세상에 하나밖에 없는 조국과 나, 사랑하는 내 가족, 이웃 친지들과 나날이 발전해가는 이 세상의 밑거름이 되었으니 우리 인생에는 늦었다는 때는 없다. 하고 싶은 일이 있으면 한 세상 살아온 깊은 경험으로 소망하는 일 이루어 놓는다면 마음의 보람을 절감하며 보다 행복감을 취할 것이다.

필자도 어느덧 격랑에 밀려오면서 80인생의 황혼을 코앞에 접하게 되었으나, 참으로 한순간 불행의 신과 만나게 되어 이 무슨 가혹한 형벌인가 놀란 가슴으로 좌절감에 한순간 절망하기도 하였다. 불과 반년 남짓한 2012년 4월 8일 아침에 갑작스레 오른쪽 수족이 힘이 없어지고 발이 잘 떨어지지 않더니 이윽고 팔다리에 마비가 오고 얼굴을 만져도 감각이 없게 되었다. 무척이나 당황하다 늦게야 병원으로 찾아가서 MRI. CT. 촬영검진을 하니 놀랍게도 뇌경색이다. 서둘러 뇌경색 확진을 받고 입원하여 집중 치료한 결과, 다행스럽게도 이틀 만에 손발의 마비가 서서히 풀리고 일주일 만에 기적적으로 정상으로 치유(治癒)되었다. 현대의학의 발전된 과학적인 치료방법이 소중한 인명을 절망에서 구해준 결과이다. 이 또한 나에게 행운의 선물을 안겨준 것이다.

끝으로 언젠가 이름 모를 낯선 항구에 닻을 내릴 때가지

보다 내 삶의 동행자가 되는 이들의 기대에 어긋나지 않게 눈부신 존재의 꽃으로 건강하고 공의롭고 아름다운 삶을 향유하여, 인간관계로부터 소외된 누구인가 부담 없이 내게 그의 등을 기댈 수 있는 버팀목이 되어주어 황혼의 인생길을 아름답게 장식할 것을 조심스럽게 다짐하면서 저서의 말미(末尾)에서 삼가 조상님과 주위의 소중한 분들에게 따뜻한 감성과 맑은 영혼으로 감사의 인사를 드린다.

• • 서 평 • •

감성적 잠언箴言과 의미론적 순환循環

– 김병열 수필가의 미래지향적인 삶의 지평

엄 창 섭(관동대명예교수 · 국제펜클럽한국본부 고문)

1. 삶의 구조(構造)와 소통의 도구

특정한 문인의 정신적 생산물을 놓고 일차적으로 생명적 기호인 소통의 도구에 의해 통일된 체계의 유지와 정체성의 확인이라는 차원에서 우주의 신비를 캐어내는 현상이 가늠되기에 결코 응축미와 긴장감을 늦출 수 없다. 불확실한 시대에 몸담고 있는 우리에게 참담함을 충격적으로 안겨주는 항목들을 새삼 열거할 필요는 없겠지만, 그 중에서도 기억 흔적에 남겨두어야 할 것은 질서의 무너짐과 으깨어진 서정성의 불감증이다. 이 점에 있어 따뜻한 감성과 감동의 파상을 팔순(八旬)을 맞은 노년임에도 불구하고 운봉(雲峰) 김병열 수필가 자신의 제2수필집이며 자전격인 『波高를 넘고 넘어』(홍익출판사, 2012)를 간행해 놓은 집념은 하나의 신선한 충격임에 틀림이 없다. 분망한 삶의 처소에서 손쉽게 접할 수 있는 일상적 삶의 소재를 다양하고 비중 있는 실체로서 자신의 삶을 반추하며 흘려보낸 시간에 대해서 끊임없이 성찰하고 자문(自問)하는 집념은 독자의 가슴을 저미게 하기에 부족함이 없다. 이처럼 인간 관계층위의 소중함을 인식하면서 언어의 분별력에 관해 주의집중하며 열정을 생명적인 정신작업에 종사한다는 것은 결코 쉬운 일이 아니다. 그 까닭은 대다수의 이들은 일상적 삶에서 생명외경에서 비롯된 만남의 소중함과 조화로움을 거부하고 온통 비열한 이기주의에 사로잡혀 편가르기에 익숙할 뿐더러, 고정관념에서 일탈하여 대립과 갈등의 경계를 허무는 낮아짐으로 인한 감동의 회복을 상실했기 때문이다. 그 같은 연유로 자성(自省)에서 오는 삶의 지혜를 체득하면서 미끄러짐의 자세로 조금씩 흐르면서도 누군가에게 버팀목이 되려는 진지하고도 선한 김병열 수필가의 눈물겨운 심성은 이 아침 식탁에서 접하는 다양한 정보로, 암울한 세상을 밝혀주는 소망의 빛이며, 새로운 관심사이기에 감사할 뿐이다. 모두(冒頭)에서 분명히 밝히고 싶은 것은 일단, 수필가의 따뜻한 정신기후의 조성은, 밝고 건강하고 생명적이어야 하기에 2-3%의 염분이 오염된 바다를 정화시키듯 세속적인 틀을 부수며 암울한 세태를 의연하게 자신의 강직함으로 헤쳐 나가는 '진정한 극소수의 창조자'로서의 문인의 소임을 당당하게 지탱하여야 한다. 일단, 김병열의 제2수필집인 『波高를 넘고 넘어』는 격동의 한 세대를 강물 같은 세월에 떠밀리며 살아온 가슴 저려오는 삶의 자전적 이야기를 "1) 격동의 세월, 2) 멀고 먼 인생길, 3) 자연이 지켜주는 교훈, 4) 기행에서 얻은 행복"으로 구성하여 그 자신의 견문, 느낌, 소회(所懷) 등을 담담히 풀어낸 이 같은 행위야말로 절망의 끝이 보이지 않는 조국의 미래를 걱정하는 한 사람의 수필가로서 '민족의 역사요, 혼인 모국어의 속살에 대한 항변'을 거듭하는 것도 담백하고 일관된 의지의 표명이기에 고심 끝에 팔순 기념문집을 간행한 김병열 수필가의 처연한 삶의 이야기에 현명하고 충직한 독자라면 한번쯤 귀를 기울이지 않을 수 없다.

2. 문인의 시대적 소임과 영혼의 잠식(蠶食)

깊은 밤, 한순간의 분노로 영혼에 상처를 입은 주위의 누군가의 치유를 위해 자성의 시간을 갖고, 비록 혼돈의 시간일지라도 미래의 젊은이들에게 꿈의 날개를 달아주는 작업은 새삼 지조 높은 수필가에 대한 관심과 주의집중은 결단코 무의미하거나 비생산적인 정신작업에 비견할 수 없다. 여기서 불확실한 시대에 몸담고 있는 독자라면 의구심을 털어버릴 수는 없지만, 감동을 회복시키려는 집념으로 노만 핀센트 필의 “한 순간 격정이 치솟아 오를 때 좋은 기억을 떠올리거나 아름다운 시구를 읊조리면 마음에 평정을 얻는다.”라는 지적을 배경지식(Schema)으로 떠올릴 때, 감동의 파상으로 형상화된 수필을 통해 공감할 수 있을 것이다. 예리한 붓의 칼날로 섬세하게 사물과 사유(思惟)를 토막 내고 자르고 확대해서, 데리다의 지론처럼 ‘책의 그늘은 깊고 넓어’ 충직한 독자들의 시선과 몰두에 힘입어 신선한 감동의 회복을 불러 일깨운 일상의 서정성과 미적주권을 보다 확고히 다진 그만의 독특한 ‘문체, 느낌, 체취, 색깔’로 이 검증받아 공인된 좋은 문인이다.

> 어렵고도 살기 힘들었던 시기에 이 땅에 태어나서 2차 세계대전도 한국전쟁도 온몸으로 겪으며 암담한 시절의 기억 흔적들을 소통의 도구인 기록으로 남겨 첫 수필집을 내었다. 팔순을 맞으며 두 번째 수필집을 내려고, 기복의 인생길을 더듬어 남다른 감회(感懷)를 되살리며 남기고 싶은 글을 써 본다. 가슴 저며 오는 시대를 잘못만난 탓일까? 나의 의지가 부족했던 것일까? 배워야 할 시기 배우지 못했던 것이 못내 한스럽다. 나의 운명으로 알고 살아온 일생을 결코 후회하지는 않는다. 잘 먹이지 못하고 가르치지 못했던 부모님의 마음은 얼마나 아팠을까?
>
> – 〈두 번째 수필집을 내면서〉에서

자서(自序)격인 <글머리>에서 각고의 노력 끝에 침묵을 깨고 간행한 김병열 수필가의 '팔순 기념문집'은 피폐된 현대인의 영혼을 치유(治癒)하는 소중한 삶의 잠언으로 해석되어야 하는 것은 어디까지나 저자의 몫이다. M.리드는 "수필은 마음속에 표현되지 않은 채 숨어 있는 관념·기분·정서를 표현하는 하나의 시도이며, 그것은 관념이라든지 기분·정서 등에 상응하는 유형을 말로 창조하려고 하는 무형식의 시도다."라고 정의하였다. 다라서 수필은 어느 정도의 지적(知的)·객관적·사회적·논리적 성격을 지니는 소평론적인 에세이(essay)와 감성적·주관적·개인적·정서적 특성을 지니는 신변잡기인 미셀러니(miscellany)로 구분지어 이해할 수 있는데, 여기서 대다수 김병열 수필가의 수필은 후자인 미셀러니에 해당하지만, 단 미셀러니라고 해서 글의 품격이나 글쓴이의 지적 수준이 천박(淺薄)을 뜻하는 것은 아니라는 사실쯤은 배경지식(Schema)으로 기억에 담아 둘 일이다.

60년대 어느 해인가, 달나라에 사람이 착륙한다는데 이를 보려고 직장에서 잠깐 나와 TV 있는 집에 가서 달에 사람이 내려 껑충껑충 뛰듯이 걸어가는 것 보고 참으로 놀랐다. 과학 발전의 힘은 이렇게 사람들을 흥분 시킨다. 이제는 멀고먼 화성에 우주선을 보내어 착륙했다고 하니 상상은 안 되고 신기하고도 흥미로울 뿐이다. 수년 전 부터는 우주선을 보내어 우주정거장을 만들어 훈련받은 우주 과학자들이 며칠씩, 몇 달씩 거주하면서 온갖 실험 다하여 우리 인생을 편하도록 수많은 연구를 다 한다지. 우리의 이소연 박사님은 여성의 몸으로도 우주 정거장에 가서 맡은 실험 다하고 돌아왔으니 너무나 자랑스럽다. 우주에서 찍은 지구의 사진을 보고 어떻게 인간이 사는 지구별이 저렇게도 아름답고 또 세밀하게 잘 보일까. 먼 나라 이야기가 아닌 우리에게도 한발 가까이 다가왔구나. 전남 나로도에서 우주발사대 만들어 우리 손으로 우주선을 만들어 발사하는 날이 머지않다는 뉴스를 들었다. 이제는 이 시대를 우주 시대라고 불러야 하겠다.

– 〈격동의 세월을 넘어〉에서

촘스키는 "언어는 인간의 사고를 지배한다."고 제시한 바 있듯이 모름지기 자기 흔적을 남기는 존재인 인간은 마음가짐에 의해 자신의 운명을 바꿀 수가 있다. 비정한 현대지식·정보화사회에서 정신적 궁핍으로 삶의 여유로움이나 감동을 회복하지 못하고 있는 대다수 이들 중 진정 행복한 사람은, 타인의 잘못도 너그럽게 용서하고 이해하며, 생명적인 언어를 지속적으로 조탁(彫琢)하는 정신작업에 종사하는 사람일 것이다.

특히 이 땅의 어느 문인보다 암울하고 참담한 민족의 격동기를 헤쳐 오면서도 눈물겹게 '조상에 대한 효심, 조국과 겨레에 대한 사랑'은 유년 시절의 정겹고도 아득한 정신풍경을 통해 "아득히 먼 어린 시절, 우리들은 신진에서 함께 만나 공부하던 초등학교 동창들. 그 시절을 회상하며 송산천 금파 은파 청개수를 이루니 교가의 첫 구절이 가슴깊이 떠오르며 선생님의 지도로 서로 경쟁하며 배우려던 희망찬 어린 시절이 아련히 떠오르는 구나. 지난날의 아름다운 추억들을 우리 어찌 잊으랴. 겨울의 혹독한 추위 속에서도 난로 없는 교실에서 마루 밑으로부터 올라오는 찬바람에 발이 시려 수건(타월)으로 발을 감싸고 그래도 한 글자 한 단어 더 배우려고 발버둥치지 않았던가.(고향 생활의 추억)" 이처럼 따뜻한 눈물 속에 전경화(全景化) 되어 감동을 회복시켜주고 있다.

이 같은 점에서 빛나는 상상력을 동원하여 유추할 때, 최소한 자신에게 허락된 운명을 현실에 안주하며 무모하게 수용하지 아니하고 끊임없이 '집념의 힘과 창조적 항변'을 재현하며 감성에서 비롯된 삶의 지혜를 몸소 생산적으로 변주하려고 밤잠을 설치며 고뇌하는 김병열 수필가와 같은 의식이 투명하게 깨어 있는 문인이 우리 주위에 있다는 것은 감사할 일이다.

3. 자의적 은폐와 비움의 미학

불신의 요인이 되는 언어유희(pun)와 서정성의 파괴, 인성의 파멸을 수호하기 위해서는 이 땅의 지조 있는 문인들이 목숨을 걸고 항변하여야 한다. 해일이 핥고 간 어장에서 새로운 출어를 위해 피멍든 손으로 찢어진 그물코를 다시 깁는 집념과 손길이 있어야 하고, 영혼의 상처를 치유하는 시적 상상력을 담금질 하려면 모름지기 최소한 고뇌와 갈등, 희생의 통로를 거쳐야 하고 따뜻한 정신기후를 조성시켜주는 삶의 지혜가 요청된다. 이 같은 시간대에 조급함과 불안·초조로 여유로움을 상실한 우리에게 "보다 천천히 미끄러짐의 미학"을 조심스럽게 일깨워줌으로써 성숙한 독자의 관심과 사랑을 이끌어내기에 결코 부족함이 없어야 할 것이다. 새삼스런 지론은 아니지만, 분별력을 상실한 언어공해의 심각성은 몇 번을 경계하여도 지나침이 없다.

특히 감성적 삶을 위한 잠언에 해당하는 맑은 영혼의 단상(斷想)들은 민족의 정체성(identity)에 대한 문화인식의 확장과 변형에 근거한 눈부신 언어의 편린이어야 한다. 여기서 생명외경(生命畏敬)을 경시하는 현실적 안타까움과 자성에서 비롯된 그의 감성적 언어들이 허망한 생명기호로 가볍게 읽혀질지 모르지만, 냉소적인 일상에서 예감의 시인이 빚어놓은 감성의 섬세한 파상(波狀)은 독자들의 격정(激情)을 한순간 평정시켜 줄 자애로운 모성(母性)의 자장가로 마침내 피폐된 정신세계마저 정화시켜 줄 것이다.

이와 같이 경계 허물기라 중차대한 시점에서 기행문인 <설

악산>에서 “아침 일찍 주전골 깊은 계곡의 맑은 물과 물 흐르는 소리를 들으며 이른 시간에 아무도 없는 계곡으로 산행을 하였다. 길은 철 계단 등으로 잘 정비되어 그리 힘들이지 않아도 되었다. 안개가 걷히면 이름 모를 아름다운 봉우리들이 그 위용을 나타내니 신비로운 자연의 조화라고나 할까? 용소 폭포까지 가서 구경하고 내려와 유명한 오색약수를 떠 마시고, 물맛이 탄산수라 사이다 같이 톡소는 맛을 처음으로 마셔보니 약수를 먹는 기분이었다. 식수로 물병에 한 병 담고 상가에서 산나물을 사서 배낭에 넣어 짊어지고 서울행 버스를 타고 한계령을 넘어왔다. 오늘은 날씨가 맑아 한계령 깊은 계곡의 자연을 차창 밖으로 보면서 인제를 지나 신남의 소양강 선착장에서 배 시간을 기다리면서 젊은 사람들을 만났다.” 이처럼 불확실성에서 엄습해 오는 초조, 불안감을 떨쳐버리고, 이제 ‘독자가 되었던 집필자가 되었던’ 운명적인 만남에 의해 대중과 연관성을 맺어야 할 “더불어 함께(inter-being)″ 라는 공동체의 소중함을 새롭게 인식하고 생명외경의 엄숙함과 자존감을 회복하며 삶의 현장에서 올바른 가치 추구를 위하여 오로지 주의 집중에 전념하여야 한다.

차지에 생명력 있는 문화예술을 창출하기 위하여 예언자적인 이 땅의 수필가들은 “문화의 바람개비 운동”을 펼쳐나가야 한다. 까닭에 맑은 영혼과 깊은 사유(思惟), 그리고 삶의 현장에서 지녀야 할 관심은 하찮은 일상에서도 이웃에 대한 배려와 시선(視線)의 섬세함으로 소외된 인간관계의 회복을 위해 시적 상상력을 확장시켜 불가능을 가능으로 전이(轉移) 시키려고 '대륙의 심장'을 지닌 독자들에게 역사의 소중함을 신념을 갖고 반복하여 교시(教示)하는 지사적 품격을 지닌 김병열 수필가에게 '극소수의 창조자'로서의 역할을 다시금 요청한다.

모쪼록 한국수필의 새로운 지평을 열어가고 정신적 기후를 따뜻하게 조성시킬 따뜻한 감성의 소유자인 김병열 수필가에게 한결 같은 기대라면 견고한 고독이 자리한 냉혹한 처소에 서라도 일관된 선함과 올곧음을 위트로 가다듬되 부단히 건강한 비평정신의 붓끝을 날카롭게 갈고닦아 오로지 올곧은 역사의 정체성(Identity)의 확립은 물론 미래에 대한 비전을 항시 제시하되, 영혼의 닻줄을 움켜잡는 예언자로서의 시대적 소임 또한 엄숙하게 수행하여 줄 것을 조심스럽게 응시할 뿐이다.

雲峰 金炳熱 八旬 記念文集
波高를 넘고 넘어

인쇄 2012년 11월 22일
발행 2012년 12월 1일
지은이 / 김 병 열
펴낸이 / 김 창 석
펴낸곳 / 홍익출판사
주소 / 대구시 중구 삼덕3가 245-2
전화 / 053) 421-6700, 427-3627
팩스 / 053) 423-5965
등록번호 / 1987년 11월 26일 제1-107호
E-mail / hongick88@hanmail.net

정가 10,000원

ISBN 978-89-7826-243-9 03810